Kochen mit Bier

DIE BESTEN REZEPTE VON DEFTIG BIS RAFFINIERT

Kochen mit Bier

DIE BESTEN REZEPTE VON DEFTIG BIS RAFFINIERT

Paul Mercurio

Inhalt

Willkommen! 6

Was ist Bier? 12

Lecker zu Bier 20

Kleine Gerichte 48

Auf dem Herd 70

Im Backofen 102

Vom Grill 136

Desserts mit Bier 170

Backen 198

Register 219

Dank 223

Willkommen!

Bier gilt seit jeher als Männergetränk. Bier trinken die Kerle, wenn sie auf dem Grill die Steaks braten, während die Frauen im Haus Chardonnay nippen und die Salate zubereiten. Bier trinkt man(n) nach dem Rasenmähen und mit Bier spült er beim Fußball einen Snack herunter. Diese großartigen Sitten werden seit Langem gepflegt und lange mögen sie noch weiterleben. Aber die Zeiten ändern sich auch und ich hoffe, dass dieses Buch den Wandel noch rascher vorantreibt.

Glücklicherweise ist es nicht mehr ungewöhnlich, in einer Bar, in einer Kneipe oder auf einer Grillparty sowohl Männer als auch Frauen beim Biertrinken zu sehen. Ungewöhnlich ist dagegen vielleicht die Vielfalt der getrunkenen Biere. Die Männer trinken möglicherweise Pils, Helles, Weizenbier oder Dunkles, die Frauen Radler, Kölsch oder ein Fruchtbier. Auf der Speisekarte werden Köstlichkeiten von Bratwürsten über Pizza, Spareribs oder Paella bis hin zu ausgefallenen Desserts und Kuchen stehen. Heute ist die Produktpalette bei Bieren groß und das bedeutet, dass die Menschen Wert auf Geschmack legen und eine Nachfrage nach vielen Biersorten besteht. In Australien haben wir weit über hundert Mikrobrauereien, die alle großartige Biere mit einzigartigen Aromen herstellen.

Bier hat sich verändert und damit einhergehend auch die Sicht der Konsumenten auf Bier. Heute ist es nicht mehr das billige und relativ fade Massengetränk, das man nur deshalb trinkt, weil es Vater und Großvater auch schon taten. Heute betrachtet man Bier als Teil eines Abendessens, eines Familientreffens oder einer Kneipentour. Restaurants stimmen mittlerweile ihr Bierangebot auf die Speisekarte ab – was Kleinbrauereien schon seit Jahren tun. Überall schießen Läden aus dem Boden, die Biere aus Kleinbrauereien und Spezialbiere anbieten und auch Abendessen mit Bierverkostungen werden immer beliebter.

Und es kommt noch besser. Bier als Kochzutat ist endlich über den allgegenwärtigen Bierteig für Fisch hinausgewachsen. Verstehen Sie mich nicht falsch. Ich liebe Fisch in Bierteig und esse ihn auch oft. Aber inzwischen stimme ich das für den Teig verwendete Bier auf den Fisch oder die Meeresfrüchte, die ich zubereite, ab – für Garnelen nehme ich ein Weißbier, für Haifisch Sparkling Ale und für Miesmuscheln ein Stout. Die Kombinationsmöglichkeiten sind unbegrenzt und die gesamte Welt der Biere und des Essens steht Ihnen offen.

Endlich ist Bier den Kinderschuhen entwachsen und zu einem anspruchsvollen Getränk geworden, das mehr Männer und Frauen als jemals zuvor genießen. Es hat einen wohlverdienten und ganz besonderen Platz auf dem heimischen Tisch, im Restaurant, neben dem Grill und in dem servierten Gericht gefunden.

Als ich einigen Frauen erzählte, dass ich ein Kochbuch über Bier schreiben würde, erhielt ich meist als Antwort, dass ihre Männer, Freunde oder Söhne sicher davon begeistert sein würden, und ich hoffe, sie sind es wirklich – ich hoffe Frauen, Freundinnen und Schwestern werden es tausendfach für ihre Liebsten kaufen. Dennoch war es mein Ziel, ein Buch für Männer und Frauen zu schreiben, die meine Liebe zu gutem Bier teilen, und vor allem für Menschen, die gute Küche mögen. Ich habe alle Gerichte in diesem Buch zubereitet und sie meiner Frau, meinen Töchtern, meiner Mutter, meinen Schwiegereltern, meinen Freunden, den Freunden meiner Kinder, meinem Metzger, meinem Bankberater, dem Verkäufer in meinem Getränkemarkt und vielen anderen serviert. Und ich freue mich sagen zu können, dass alle begeistert waren!

Beim Kochen mit Bier ist entscheidend, wirklich gute Gerichte zu kreieren, die für sich stehen, ausgewogen und aromatisch sind und nicht wie Bier schmecken. Wenn jedes Gericht in diesem Buch einfach wie Bier schmecken würde, wäre es

sinnlos, mehr als ein Rezept zu schreiben. Bier ist nur eine Zutat und es muss mit allen anderen Zutaten harmonieren und sie ergänzen.

Bier ist ein einzigartiges Getränk, doch als Zutat in einem Rezept verleiht es dem Gericht in vieler Hinsicht eine wundervolle Komplexität. Weltweit gibt es 87 anerkannte Biersorten, von denen jede ihr eigenes Geschmacksprofil hat. Rund um den Globus stellen Tausende Brauereien diese Biersorten her und jede Brauerei hat ihren einzigartigen Charakter, den sie an ihre Biere weitergibt.

Das Pilsner etwa ist die verbreitetste Biersorte und es wird in fast jedem Land der Erde hergestellt. Würden Sie aber parallel Pilsner aus Deutschland, Österreich, Italien, Frankreich, den USA, China und Australien probieren, könnten Sie erstaunliche Unterschiede feststellen. Verstehen Sie nun, was ich mit Komplexität meine? Wenn Sie daher Bier zum Kochen verwenden, stehen Ihnen unglaubliche Wahlmöglichkeiten, Feinheiten und Geschmacksnuancen zur Verfügung, mit denen Sie experimentieren können. Der Schlüssel zum Erfolg besteht darin, ein geeignetes Bier mit den Aromen zu wählen, die am besten zum jeweiligen Gericht passen.

Wie gelingt das am besten? Probieren Sie möglichst viele Biere aus! Eine einzige Sorte ist nicht in jedem Fall geeignet und deshalb macht es keinen Sinn, wenn Sie für alle Rezepte in diesem Buch nur Ihr Lieblingsbier benutzen. Natürlich ist das möglich – die Rezepte gelingen auch dann –, aber Ihnen werden so einige wundervolle und einzigartige Eigenschaften entgehen, die die Gerichte durch die besonderen Biere, die ich verwendet habe, erhalten. Machen Sie Experimente – das Kochen mit Bier ist ein Abenteuer und ich bin sicher, dass Sie Spaß daran haben werden! Ich habe ihn ganz gewiss!

Zum Wohl,

Paul

Was ist Bier?

Ein kurzer Überblick

Bier wird aus Gerstenmalz, Hopfen und Wasser hergestellt. Das schreibt das deutsche Reinheitsgebot, das auf eine bayrische Verordnung aus dem Jahr 1516 zurückgeht, vor. Hefe, die vierte Grundzutat, wird in dieser Verordnung zwar nicht erwähnt, war aber auch im Mittelalter schon bekannt. Mit dem Reinheitsgebot sollte die Bierherstellung eindeutig geregelt und der Preis festgeschrieben werden: So sollten einerseits keine ungesunden Zutaten (wie Tollkirsche oder Blaumohn), aber auch kein Getreide, das zur Brotherstellung notwendig war (vor allem Weizen), zum Bierbrauen benutzt werden.

Das Reinheitsgebot überdauerte die Jahrhunderte und gilt als die älteste heute noch gültige lebensmittelrechtliche Vorschrift der Welt. Im Zuge der Öffnung des europäischen Binnenmarktes beriefen sich die deutschen Brauer wieder werbewirksam auf das Reinheitsgebot, vor allem auch deshalb, um sich gegen die ausländische Konkurrenz, die zum Bierbrauen auch andere Zutaten benutzt, qualitativ abzuheben und zu schützen. Obwohl viele Brauereien auf der ganzen Welt an den vier Grundzutaten (Gerste, Malz, Hefe und Wasser) festhalten, gibt es auch herrliche Biere (und diese werde ich Ihnen auch vorstellen), die weitere Zutaten wie Reis, Mais, gemalzten und ungemalzten Weizen, verschiedene Zuckerarten und sogar Früchte enthalten. So gibt zum Beispiel Kandiszucker dem alkoholreichen belgischen Bier mehr Geschmack, und der Sorte Lambic fügt man ebenfalls in Belgien Früchte hinzu, um ein fruchtbetontes spritziges Bier zu erzeugen.

Aber wie wird Bier eigentlich gebraut?

Zur Herstellung von Bier wird Gerstenmalz in warmem Wasser (60 °C) eingeweicht – diesen Vorgang bezeichnet man als »Maischen«. Die Temperatur des Wassers hat Einfluss auf Geschmackseigenschaften und Mundgefühl des fertigen Biers. Während des Maischens wird die Getreidestärke in vergärbare und nicht vergärbare Zucker umgewandelt. Nachdem dies geschehen ist, wird das Getreide gewaschen (oder, wie Bierbrauer sagen, »geläutert«), wodurch alle Zucker im Getreide ausgewaschen werden und die geläuterte Flüssigkeit (jetzt »Würze« genannt) in einen Kessel geleitet. (Der Treber, die Getreiderückstände aus der Maische, wird oft von Bauern abgeholt, die ihn als Viehfutter verwenden.) Die Würze wird nun etwa eine Stunde lang kräftig gekocht, um unerwünschte Substanzen aus der Flüssigkeit zu entfernen, die später im Bier Probleme verursachen könnten. Während des Kochens wird zu unterschiedlichen Zeiten Hopfen hinzugefügt, der verschiedene Wirkungen auf das Bier hat: Er verleiht ihm Geschmack und Bitterstoffe und beeinflusst seine Haltbarkeit. Weltweit werden mehr als 70 Hopfensorten angebaut und jedes Jahr kommen neue dazu, wobei jede Sorte ihren typischen Geschmack und Charakter hat.

Nachdem die Würze gekocht und der Hopfen hinzugefügt wurde, wird die Flüssigkeit durch eine Kühlanlage in einen Gärtank gepumpt. Dort wird die Hefe dazugegeben. Ihre einzige Funktion besteht darin, den vergärbaren Zucker in der Würze aufzuschließen. Während dieses Vorgangs entstehen Kohlendioxid und Alkohol. Dieser Prozess wird als Gärung bezeichnet und dauert je nach Biersorte meist fünf bis sieben Tage. Ist die Gärung abgeschlossen, wird das Bier häufig gefiltert und pasteurisiert. Dies ist aber von Brauerei und Biersorte abhängig. Dann wird es entweder auf Flaschen gezogen oder in Fässer gefüllt.

Ziemlich einfach, oder? Na ja, nicht wirklich. Der Brauprozess ist zwar recht einfach, doch wenn man bedenkt, dass der Brauer aus mehr als 70 Hopfensorten und der gleichen Anzahl Malzarten und Malzherstellern und über 55 Heferassen auswählen muss, wird klar, dass das Herstellen von gutem Bier nicht so einfach ist. Das Jonglieren mit all diesen Aromazutaten ist eine Kunst für sich.

Welches Bier sollte man nun in der Küche verwenden? Es gibt auf der ganzen Welt nur zwei Typen von Bier – mancher würde sagen gutes und schlechtes, und dem stimme ich zu, obwohl dies eine sehr subjektive und persönliche Bewertung ist. Tatsächlich handelt es sich bei diesen beiden Typen um untergäriges und obergäriges Bier. In diese zwei Kategorien lassen sich alle Biere einteilen. Zu den untergärigen Bieren gehören Lager, Pils, Bock, Dunkel, Schwarzbier, Helles und Exportbier. Zu den obergärigen Bieren zählen Ale, Altbier, Stout, Porter, Weizenbier, Lambic, Berliner Weiße und Kölsch. Es gibt mehr obergärige Biere als untergärige Biere – fragen Sie mich nicht warum. Aber wie ich vermute, liegt dies daran, dass obergärige Biere schon weitaus länger gebraut werden.

Der Unterschied zwischen beiden liegt in der Brauweise. Untergäriges Bier wird mit einer Hefe gebraut, die kühlere Bedingungen bevorzugt. Dadurch entsteht ein Bier, das recht sauber und unkompliziert ist. Untergärige Biere sind recht klar, ihre Farbe kann jedoch von sehr hell bis sehr dunkel reichen. Da sie bei niedrigen Temperaturen gebraut werden, entwickeln sie keinen fruchtigen Charakter. Obergärige Biere auf der anderen Seite werden bei höheren Temperaturen gebraut, die die Bildung von Fruchtestern fördern. Dies verleiht ihnen mehr Mundgefühl und einen fruchtigeren Charakter. Obergärige Biere sind zudem komplexer und werden häufig mit mehreren Malz- und Hopfensorten gebraut, wodurch sie wiederum mehr Charakter erhalten, was Mundgefühl, Würze, Bitterkeit und Aroma betrifft. Deshalb verwende ich beim Kochen sehr viel häufiger obergärige Biere.

Am liebsten koche ich mit Weizenbier. Meiner Meinung nach ergänzt es das Geschmacksprofil eines Gerichts durch eine wunderbare Seidigkeit. Weizenbier hat einen einzigartigen Charakter und kräftige Noten von Banane und Gewürznelke, die es der Hefe verdankt. Es eignet sich für eine Vielzahl verschiedener Gerichte von Risotto über Fisch in Alufolie bis zu allen Arten von Desserts.

Ich liebe es zudem, mit obergärigem belgischem oder Starkbier zu kochen, das gewöhnlich einen recht hohen Alkoholgehalt hat. Zum Erreichen eines hohen Alkoholgehalts muss für dieses Bier erheblich mehr Malz verwendet werden. Was wiederum dazu führt, dass der Brauer sehr viel sorgfältiger darüber nachdenken muss, wie er das Bier mit Hopfen und möglichen anderen Zusätzen wie etwa Kandiszucker ins Gleichgewicht bringt. Das entstehende Bier ist einzigartig – perfekt geeignet, um es abends mit etwas gutem Käse zu genießen oder als Zutat für ein langsam gegartes Ossobuco oder einen duftenden Früchtekuchen zu verwenden. Wegen des hohen Alkoholgehalts brauchen Sie sich übrigens keine Sorgen zu machen: Ab 80 °C Temperatur beginnt der Alkohol zu verdampfen, sodass am Ende des Koch- oder Backvorgangs ein Großteil davon verdunstet sein sollte.

Die Biere, die ich für die Rezepte in diesem Buch verwendet habe, sind diejenigen Biere, die ich liebe, die ich trinke und die gut mit den Gerichten harmonieren – aber vor allem sind es Biere, die ich im Handel kaufen kann. Es gibt andere Biere, die ich schon probiert habe und gern für dieses Buch verwendet hätte, aber ich konnte sie nicht bekommen. Auf der ganzen Welt werden großartige Biere gebraut, und glücklicherweise führen große Getränkemärkte und einige kleinere Geschäfte eine große Auswahl an diesen Bieren. Falls Sie bei Ihrem örtlichen Fachhändler nicht fündig werden sollten, versuchen Sie es über einen der zahlreichen Versandhändler im Internet. Und manchmal wird das Bier, das am besten schmeckt, gleich um die Ecke gebraut.

In den Rezepten habe ich die Biersorte wie auch den Namen der Marke, die ich verwendet habe, angegeben, ebenso mögliche Alternativen. Aber dies soll Ihnen eigentlich nur als Orientierungshilfe dienen. Ich hoffe, Sie werden die Biere erkunden und verwenden, die liebevoll von Brauereien in Ihrer Gegend gebraut wurden.

Lecker zu Bier

Ich hätte ein ganzes Buch schreiben können über Snacks, die zu Bier passen, und vielleicht werde ich das eines Tages auch noch tun. Fürs Erste habe ich mich hier auf einige meiner Favoriten beschränkt. Manche sind recht einfach, sodass man sie schnell zubereiten und dann allein, zu zweit oder mit der Familie genießen kann. Bei anderen ist die Zubereitung etwas aufwendiger und sie eignen sich perfekt, um sie als kleine Leckerbissen zu reichen, wenn Sie ein paar Freunde zu einem gemütlichen Umtrunk eingeladen haben. Für eine große Party kann man sie sogar ein oder zwei Tage im Voraus zubereiten. Auf diese Weise hat man eine Auswahl an Snacks, die richtig Eindruck machen. Und dann gehen Sie in eine regionale Brauerei und kaufen ein Fässchen Bier, damit Sie auch ein handwerklich gut gebrautes Bier servieren können.

Möhren-Kreuzkümmel-Dip

750 g Möhren, geschält
4–6 EL Olivenöl
2 EL Honig (toll schmeckt Orangenblütenhonig)
1 TL Kreuzkümmelsamen, ohne Fett bei mittlerer
    Hitze in einer Pfanne geröstet
3–4 Knoblauchzehen, ungeschält
frisch gemahlener schwarzer Pfeffer

½ TL gemahlener Koriander
1 TL gemahlener Kreuzkümmel
½ TL gemahlener Ingwer
¼ TL Cayennepfeffer
Saft von 1 Zitrone
1 EL Sahne (nach Belieben)
Meersalz

Den Backofen auf 180 °C vorheizen. Die Möhren zuerst quer und anschließend längs halbieren. In einer ofenfesten Form die Möhren in 2–3 EL Olivenöl schwenken und mit dem Honig beträufeln. Gerösteten Kreuzkümmelsamen und schwarzen Pfeffer hinzufügen und die Zutaten sorgfältig mischen. Die Möhren und den ungeschälten Knoblauch für 20–25 Minuten in den Backofen schieben, bis die Möhren weich sind, in der Mitte aber noch Biss haben. Herausnehmen und im Mixer oder mit dem Pürierstab in einem hohen Gefäß pürieren. Die Knoblauchzehen schälen und ebenfalls in den Mixer geben. Die gemahlenen Gewürze, nach und nach den Zitronensaft und 2–3 EL Olivenöl hinzufügen, zum Schluss nach Belieben die Sahne.

Dieser Dip sollte noch kleine Stücke enthalten, deshalb die Möhren nicht zu lange garen und das Ganze nicht vollkommen glatt pürieren. Dabei nur so viel Olivenöl hinzufügen, dass der Dip eine lockere, aber nicht zu weiche Konsistenz bekommt. Mit Salz und schwarzem Pfeffer abschmecken.

Den Dip mit frischem Fladenbrot und Ihrem Lieblingsbier servieren.

ERGIBT ETWA 500 ML

Für dieses Rezept brauchen Sie gepökelte Rinderhüfte, die Sie etwa eine Woche, bevor Sie das Trockenfleisch zubereiten wollen, bei einem guten Metzger bestellen sollten. Die in der Lake enthaltene Salzmenge kann von Metzger zu Metzger variieren. Da die in diesem Rezept verwendete Sojasauce recht viel Salz enthält, sollte das Fleisch nicht zu salzig sein. Leider können Sie das nur herausfinden, wenn Sie es probieren. Haben Sie einen Metzger gefunden, der das Fleisch nach Ihrem Wunsch zubereitet, tun Sie zwei Dinge: Sagen Sie ihm, dass es Ihnen geschmeckt hat und schenken Sie ihm etwas von Ihrem Trockenfleisch. Ein guter Metzger ist nämlich manchmal Gold wert.

Selbst gemachtes Trockenfleisch

700 g gepökelte Rinderhüfte (möglichst mager)
125 ml Sojasauce
2 EL Worcestersauce
2 EL Bourbon (z. B. Wild Turkey)
1 TL Knoblauchpulver
1 TL geräuchertes Paprikapulver
    (Pimentón de la Vera)

1 TL Zwiebelpulver
½ TL gemahlener Ingwer
1 TL Cayennepfeffer
1 EL Honig

Das Fleisch gegebenenfalls von Fett und Sehnen befreien und quer zur Faser in 3 cm dicke Scheiben schneiden. Die Scheiben im Tiefkühlgerät anfrieren. (Durch das Anfrieren lässt sich das Fleisch leichter in gleichmäßig dünne Streifen schneiden.) Eine Scheibe herausnehmen und auf ein Schneidebrett legen. Wenn Sie Rechtshänder sind, muss die frühere Oberseite der Rinderhüfte nach rechts weisen, bei Linkshändern nach links. Das Fleisch mit einem sehr scharfen Messer in 2–3 mm dicke Streifen schneiden. (Wenn mit dem Schneiden an der Oberseite der Hüfte begonnen wird, schneidet man entlang oder mit der Faser. Dies hilft, dass das Fleisch zart bleibt.) Eine weitere Fleischscheibe aus dem Kühlschrank nehmen und aufschneiden. Die Marinadenmenge reicht für etwa 700 g in schmale Streifen geschnittene Rinderhüfte. Nicht verwendete Fleischscheiben können eingefroren und zu einem späteren Zeitpunkt verwendet werden. Zum Schluss sollten etwa 3 cm breite und 2–3 mm dicke Fleischstreifen unterschiedlicher Länge vorhanden sein.

In einer Glasschüssel alle übrigen Zutaten sorgfältig vermischen. Die Fleischstreifen in die Marinade geben, sorgfältig mischen und mit Frischhaltefolie abgedeckt für drei Tage in den Kühlschrank stellen. Einmal täglich durchrühren.

Den Backofen auf 80 °C vorheizen. Die Fleischstreifen aus der Schüssel nehmen und flach auf mehrere Lagen Küchenpapier verteilen, um die Marinade zu entfernen.

Mit weiteren Lagen Küchenpapier abdecken, fest andrücken, damit das Papier überschüssige Marinade aufnimmt – das Aroma ist jetzt im Fleisch und das Fleisch darf beim Trocknen im Backofen nicht nass sein, weil sich andernfalls Dampf entwickeln kann und das Fleisch zäh wird. Die Fleischstreifen in gleichmäßigem Abstand auf Drahtgitter legen, ohne dass sie sich berühren.

Die Gitter in den Backofen stellen. Die Tür nicht ganz schließen, damit Luft zirkulieren kann (dies gilt sowohl für konventionelle Backöfen als auch für Umluft). Das Fleisch braucht zum Trocknen 3–3½ Stunden, je nachdem wie dick es geschnitten wurde, welche Lufttemperatur außerhalb des Ofens herrscht und wie der Backofen funktioniert. (Ich drehe das Fleisch zudem gern nach ungefähr 2 Stunden um. Dies hilft, dass es gleichmäßig trocknet.) Das Fleisch soll aber nicht so trocken werden, dass es zu Staub zerkrümelt, wenn man hineinbeißt. Es sollte durchgetrocknet, aber noch biegsam sein, und man sollte es mit den Fingern zerreißen können.

Sollten Sie dieses leckere Trockenfleisch nicht sofort komplett verspeisen, bewahren Sie den Rest in einem mit etwas Küchenpapier ausgelegten, luftdicht verschließbaren Behälter auf oder wickeln Sie es in etwas Küchenpapier und stecken es in einen Gefrierbeutel mit Zip-Verschluss. Das Fleisch hält sich zwei bis drei Wochen – aber ich wette, dass es früher alle ist, denn es gibt keinen besseren Snack zu Bier.

Ergibt 30–40 Stück, je nach Dicke der Streifen

Belgische Käsekroketten

125 g Butter
150 g Mehl, plus mehr für die Arbeitsfläche
420 ml Milch
125 g kräftiger Cheddar, gerieben
140 g Blauschimmelkäse, gehackt
250 g Gruyère, gerieben
3 Eigelb von Bio-Eiern
¼ TL frisch gemahlener weißer Pfeffer
¼ TL frisch geriebene Muskatnuss

¼ TL Cayennepfeffer
¼ TL Paprikapulver
Pflanzenöl zum Frittieren

FÜR DIE PANADE
150 g Mehl
2 Bio-Eier, verquirlt
100 g Semmelbrösel

Eine eckige Form mit flachem Boden von etwa 16 x 26 cm mit Frischhaltefolie auslegen, dabei reichlich Folie über die Seiten hängen lassen.

Die Butter in einer Pfanne bei mittlerer Hitze zerlassen. Das Mehl hineingeben und einige Minuten anschwitzen, dabei ständig mit einem Holzlöffel rühren. Nach und nach die Milch unterschlagen. Die Mischung weiterschlagen und fast zum Kochen bringen. Nach Reduzieren der Hitze unter gelegentlichem Rühren 5 Minuten köcheln lassen. Die Mischung sollte dick und glatt sein und nicht mehr nach Mehl schmecken. Die Käse unterrühren und schmelzen (aber nicht kochen) lassen. Vom Herd nehmen.

Die Käsemischung gut durchrühren, damit sie etwas abkühlt. Die Eigelbe nacheinander sorgfältig unterziehen. Pfeffer, Muskatnuss, Cayennepfeffer und Paprikapulver zugeben. Die Masse abschmecken, in die Form füllen und mit einem Spatel glatt streichen. Die überhängende Folie über die Masse legen und auf die Oberfläche drücken. Die Form über Nacht in den Kühlschrank stellen.

Die gekühlte Käsemasse auf die bemehlte Arbeitsfläche stürzen. Beliebige Formen – Dreiecke, Quadrate, Kreise – ausstechen. Oder die Masse portionsweise zu langen Würsten rollen und diese in 3–4 cm große Stücke schneiden. Die Kroketten im Mehl wenden, in das verquirlte Ei tauchen und dann sorgfältig mit Semmelbröseln überziehen. Panierte Kroketten auf einen Teller legen und nochmals für etwa 10 Minuten in den Kühlschrank stellen, damit die Panade fest wird.

In einem (Frittier-)Topf ausreichend Pflanzenöl bei hoher Temperatur erhitzen. Die Temperatur mit einem Holzlöffelstiel, der in das Fett gehalten wird, prüfen. Wenn rasch viele Bläschen aufsteigen, ist das Fett heiß genug und die Kroketten können portionsweise je nach Größe 5–8 Minuten frittiert werden, bis sie goldbraun sind. Herausheben, auf Küchenpapier abtropfen lassen und in den warmen Backofen stellen, während die übrigen Kroketten frittiert werden. Mit Zahnstochern, warmem Chili-Zwiebel-Relish und Himbeer-Fruchtaufstrich servieren.

ERGIBT ETWA 30 STÜCK

Ich liebe gegrillte Chicken Wings und ich konnte mich hier nicht zwischen meinen zwei Lieblingswürzmischungen entscheiden. Deshalb beide Rezepte! Die Sichuanwürzmischung ist asiatisch inspiriert, die scharfe Würzmischung stammt eher aus der Tex-Mex-Küche.

Pikante Chicken Wings aus dem Ofen

8 Bio-Hähnchenflügel
Olivenöl zum Einpinseln

SICHUANWÜRZMISCHUNG
4 TL Sichuanpfefferkörner
1½ TL gutes Salz wie Murray-River-Salz,
    Maldon-Salz oder Meersalzflocken
1 TL Zitronenpfeffer
½ TL frisch gemahlener schwarzer Pfeffer
1 TL Knoblauchpulver
¼ TL gemahlener Kardamom
2 EL Reismehl

SCHARFE WÜRZMISCHUNG
½ TL getrockneter Thymian
1 TL gutes Salz wie Murray-River-Salz,
    Maldon-Salz oder Meersalzflocken
1 TL Knoblauchpulver
½ TL Selleriesalz
1 TL Zwiebelpulver
1 TL Paprikapulver
1½ TL Cayennepfeffer
1 TL gemahlener Kreuzkümmel
1 TL gemahlener Koriander
½ TL Senfpulver
2 EL Reismehl

Den Backofen auf 180 °C vorheizen. Für die Sichuanwürzmischung die Pfefferkörner bei mittlerer Temperatur ohne Fett in einer Pfanne rösten, bis sie rauchen. In einem Mörser zerreiben, dann die übrigen Zutaten für die Würzmischung hinzufügen und sorgfältig vermischen. Für die scharfe Würzmischung alle Zutaten in einen Mörser geben und zerreiben, bis ein homogenes Pulver entstanden ist. (Durch diese Methode wird auch das Salz zermahlen und verbindet sich besser mit der Mischung.)

Die Würzmischungen jeweils in einen großen Gefrierbeutel geben. Die Chicken Wings einlegen, Beutel verschließen und sorgfältig schütteln, bis sie rundum mit Gewürzen überzogen sind. Anschließend auf ein Backblech legen und dünn mit Olivenöl einpinseln. Für 40 Minuten in den Backofen schieben, bis sie gar sind – beim Einstechen mit einem Messer in den dicksten Teil muss klarer Saft austreten.

Diese Chicken Wings eignen sich auch großartig, um sie bei indirekter Hitze bei 180 °C und geschlossener Haube auf dem Grill zu garen. Die Garzeit ist etwa gleich. Wenn Sie die Flügel über direkter Hitze grillen wollen, zunächst etwa 15 Minuten bei hoher Temperatur garen und dabei mehrmals drehen, damit sie nicht verbrennen. Dann auf schwache Hitze reduzieren und die Flügel noch einmal 30–40 Minuten garen. Sie sind nun schön gebräunt und beim Einstechen tritt klarer Saft aus.
ERGIBT 8 STÜCK

Wenn ich zu Hause Pizza mache, wünschen sich meine Kinder diese Pizza als Vorspeise, die unsere Geschmacksknospen richtig in Gang bringen soll. Da das Teigrezept sechs Pizzas ergibt, mache ich meist zwei Rosmarin-Knoblauch-Pizzas und die übrigen vier belege ich mit den üblichen italienischen Zutaten. Möchten Sie nur zwei oder drei Pizzas zubereiten, können Sie die restlichen gegangenen Teigkugeln für eine spätere Verwendung einfrieren. Oder laden Sie ein paar Freunde ein, kaufen Sie gutes Bier und feiern Sie eine Pizzaparty!

Rosmarin-Knoblauch-Pizza

PIZZATEIG
1 große Prise Zucker
2 TL Olivenöl, plus mehr zum Einfetten
3 TL Trockenhefe
600 g Pizzamehl (Farina Tipo 00) oder Weizenmehl (Type 1050), plus mehr für die Arbeitsfläche
½ TL Salz

BELAG
8 Knoblauchzehen, geschält und zerdrückt
185 ml Olivenöl
6 EL frische Rosmarinnadeln
6 TL gutes Salz wie Maldon-Salz, Murray-River-Salz oder Meersalzflocken

350 ml lauwarmes Wasser in einen Krug gießen. Zucker, 2 TL Olivenöl und Hefe dazugeben und umrühren. Die Mischung 10–15 Minuten stehen lassen, während die Hefe geht. Sie sollte kräftig Bläschen bilden.

Das Mehl in eine große Rührschüssel geben und das Salz untermischen. Die Hefemischung langsam zufügen und mit der Hand unter das Mehl arbeiten, bis eine Teigkugel entstanden ist. Sollte etwas mehr Flüssigkeit notwendig sein, noch ein wenig lauwarmes Wasser in den Krug geben und schütteln, um noch vorhandene Hefe zu lösen. Dann zum Teig geben. Den Teig auf die bemehlte Arbeitsfläche setzen und 10 Minuten gründlich kneten, bis er sich glatt und seidig anfühlt.

Eine große Glasschüssel innen mit Olivenöl einpinseln und mit Mehl ausstreuen, damit der Teig beim Gehen nicht an der Schüssel kleben bleibt. Den Teig in die Schüssel legen und mit Frischhaltefolie abdecken. Sollte die Schüssel flach sein, auch die Teile der Frischhaltefolie mit Öl einpinseln und mit Mehl bestäuben, die der Teig beim Gehen möglicherweise berührt. Den Teig an einem warmen Ort etwa 1½–2 Stunden gehen lassen, bis er sein Volumen verdoppelt hat. (Die genaue Zeit hängt vom Wetter und vom Standort der Schüssel ab.)

Während der Teig geht, Knoblauch und Olivenöl in einer Schüssel verrühren, damit das Öl das Aroma des Knoblauchs aufnimmt.

Den Backofen auf 250 °C vorheizen. Den gegangenen Teig auf die bemehlte Arbeitsfläche stürzen, zu einer langen Wurst formen und in sechs Stücke gleicher

Größe teilen. Jedes Stück zu einer Kugel formen, mit ein wenig Mehl bestäuben und bis zur Verwendung mit einem Geschirrtuch abdecken.

Mit einem Backpinsel Pizzableche mit etwas Knoblauch-Olivenöl einpinseln. Etwas Teig auf die Größe eines Pizzablechs ausrollen und auf ein Blech legen. Den Teig mit dem Knoblauch-Olivenöl einpinseln, dabei darauf achten, dass auch ein Teil des zerdrückten Knoblauchs auf der Pizza verteilt wird. 1 EL Rosmarinnadeln darüberstreuen, dann 1 TL grobes Salz. Mit den restlichen Zutaten ebenso verfahren, um 6 Pizzas herzustellen.

Die Pizzas nacheinander in den Backofen schieben und jeweils etwa 12–15 Minuten backen. Die Garzeit hängt vom Backofen ab. Auf einem Pizzastein braucht die Pizza nur 3–5 Minuten.

Mitunter backe ich diese Pizza ein wenig zu lange, sodass sie richtig knusprig wird. Dann zerbricht sie beim Auseinanderschneiden, und die Stücke schmecken wie mit Salz, Knoblauch und Rosmarin gewürzte Chips!

ERGIBT 6 PIZZAS

Schweinefleisch-Enten-Rillettes

375 g Schweinebauch
250 g Schweinenacken
2 Entenkeulen
1 EL Meersalz
14 rosa Pfefferkörner oder getrocknete
  Wacholderbeeren
20 schwarze Pfefferkörner
6 Gewürznelken

4 getrocknete Lorbeerblätter
4 ungeschälte Knoblauchzehen
1 Bouquet garni
2 EL frischer Zitronenthymian
1 Zweig frischer Rosmarin
330 ml Altbier (z. B. Hannen Alt,
  Schlösser Alt, Uerige Alt)
200 g Entenschmalz

Den Backofen auf 130 °C vorheizen. Die Schwarte des Schweinebauchs entfernen. Schweinebauch und Schweinenacken in 1 cm große Würfel schneiden. Das Entenfleisch von den Knochen lösen und ebenfalls in 1 cm große Würfel schneiden. Das gesamte Fleisch in eine große ofenfeste Form geben und mit dem Meersalz bestreuen. Pfefferkörner und Gewürznelken auf ein Stück Musselin legen und dieses mit Küchengarn zusammenbinden. Das Säckchen mit Lorbeerblättern, Knoblauchzehen, Bouquet garni, Zitronenthymian und Rosmarin in die Form geben. Das Bier darübergießen und das Fleisch sorgfältig wenden, um alle Zutaten gut zu vermischen und das Salz gleichmäßig zu verteilen.

Das Fleisch für etwa 3 Stunden in den Ofen schieben, dabei stündlich wenden.

Wenn das Fleisch butterweich ist, die Form herausnehmen. Das Fleisch 30 Minuten in der Form abkühlen lassen, damit es ruhen und Garflüssigkeit aufnehmen kann. Lorbeerblätter, Rosmarin- und Thymianstängel, Bouquet garni und Musselinsäckchen wegwerfen. Die Schalen der Knoblauchzehen entfernen. Ein Sieb auf eine große Schüssel setzen. Das Fleisch hineingeben und abtropfen lassen. Das Fleisch mit den Fingern, zwei Gabeln oder einem Kartoffelstampfer zerdrücken oder auseinanderziehen, bis es gut zerkleinert ist. Die Knoblauchzehen zerdrücken. Das Fleisch wieder zum Bratensaft geben und sorgfältig untermischen.

Das Entenschmalz in einem kleinen Topf bei niedriger Temperatur schmelzen lassen. Zum Abkühlen beiseitestellen.

Das Fleisch auf sechs Förmchen verteilen und etwas andrücken. Für etwa 10 Minuten zum Abkühlen in den Kühlschrank stellen. Herausnehmen, etwas Entenschmalz darüberschöpfen und wieder kalt stellen. Mit Frischhaltefolie abgedeckt halten sich die Rillettes im Kühlschrank mehrere Wochen, da das Fleisch durch das Schmalz geschützt ist.

Mit knusprigem Brot, grünem Salat, Cornichons und Walnüssen servieren.

FÜR 6 PERSONEN

Marinierte Sardinenfilets

8 Sardinenfilets
75 g Mehl, mit Meersalz und frisch gemahlenem
    schwarzem Pfeffer gewürzt
etwa 2 EL Olivenöl
½ Zwiebel, geschält und in dünne Scheiben
    geschnitten
1 sehr kleine Fenchelknolle, geputzt in dünne
    Scheiben geschnitten (es muss die gleiche
    Menge Zwiebel und Fenchel vorhanden sein)

3 Knoblauchzehen, geschält und in dünne
    Scheiben geschnitten
1 Prise Chiliflocken
1 EL gehackter frischer Rosmarin
1 EL gehackte glatte Petersilie
125 ml Sherryessig
8 schwarze Pfefferkörner
4 getrocknete Lorbeerblätter
8 getoastete Scheiben Sauerteigbrot zum Servieren

Die Sardinen in dem gewürzten Mehl wenden. Überschüssiges Mehl abschütteln. Das Olivenöl in einer Pfanne bei mittlerer Temperatur erhitzen und die Sardinenfilets darin auf jeder Seite etwa 3 Minuten braten, bis sie gebräunt und gar sind. In ein flaches Glas- oder Keramikgefäß legen, in dem sie nebeneinander Platz haben.

Gegebenenfalls noch etwas Olivenöl in die Pfanne geben. Zwiebel, Fenchel, Knoblauch und Chiliflocken darin etwa 5 Minuten sanft braten, bis sie weich sind. Rosmarin, Petersilie, Sherryessig, Pfefferkörner, Lorbeerblätter und 60 ml Wasser hinzufügen und zum Kochen bringen. Die Temperatur herunterschalten und den Pfanneninhalt köcheln lassen, bis er um etwa ein Drittel reduziert ist. Die Mischung über die Sardinen gießen. Das Gefäß mit Frischhaltefolie abdecken. Die Sardinen für 12 Stunden – oder bis zu zwei Tage – in den Kühlschrank stellen.

Das Gefäß etwa 1 Stunde vor dem Servieren aus dem Kühlschrank nehmen, damit die Sardinen Zimmertemperatur annehmen können. Jedes Sardinenfilet auf einem Stück getoasteten Sauerteigbrot (nach Geschmack mit oder ohne Butter bestrichen) servieren – und auf jeden Fall mit einem kalten Bier!

ALS SNACK FÜR 4 PERSONEN

Dies ist mein Grundrezept für Salsa, der Sie weitere Zutaten wie Knoblauch, Oliven, Bohnen, Mais und Sardellenfilets hinzufügen können, um sie aufzupeppen und anderen Gerichten anzupassen. Die Grundversion ist eine großartige Beilage zu gegrillten Schweinekoteletts, Hähnchen, Putensteaks, Schwertfisch und vielem mehr – bereiten Sie daher eine Extraportion zu. Diese Salsa enthält eingelegte Jalapeño-Chilischoten, die man in der Mexikoabteilung von Supermärkten findet. Ich habe sie immer im Kühlschrank. Ein Esslöffel gehackte Jalapeños ergibt eine angenehme Schärfe, zwei Esslöffel sind aber schon schweißtreibend!

Hausgemachte Salsa

2 große feste Tomaten
½ große Avocado (nicht zu weich, damit sie nicht zerfällt)
50 g rote Zwiebel, fein gewürfelt
15 g Koriandergrün, gehackt

1 EL gehackte eingelegte Jalapeño-Chilischoten (nach Belieben mehr)
2 EL frisch gepresster Limettensaft
1 EL Olivenöl
Meersalz
Maischips zum Servieren

Hier wird nur das Fleisch der Tomaten gebraucht, das fest sein sollte. Daher keine weichen Tomaten verwenden. Die Tomaten unten kreuzförmig einritzen, in eine Schüssel legen und mit kochendem Wasser bedecken. 2–3 Minuten stehen lassen. Mit einer Küchenzange eine Tomate herausheben und am Kreuz beginnend die Haut abziehen. Die Tomate in eine Schüssel mit kaltem Wasser legen. Mit der zweiten Tomate ebenso verfahren. (Wenn die Tomaten zu lange in dem heißen Wasser bleiben, garen sie und werden weich und matschig. Durch das kalte Wasser wird der Garprozess unterbrochen.)

Die Tomaten mit Küchenpapier trocken tupfen und halbieren. Jede Hälfte in drei Spalten schneiden. Mit einem scharfen Messer die Samen herauskratzen, sodass nur das Fruchtfleisch zurückbleibt. (Die Samen können für eine Sauce verwendet oder in einen Salat gegeben werden.) Die Tomatenstücke nochmals mit Küchenpapier trocknen. Die Stücke längs in schmale Streifen und dann quer in kleine Würfel schneiden (es sollten etwa 250 ml vorhanden sein). In eine Glasschüssel geben.

Die Avocado in Würfel der gleichen Größe schneiden und zu den Tomaten hinzufügen. Zwiebel, Koriandergrün, Chilischote, Limettensaft und Olivenöl dazugeben und behutsam mischen. Mit Salz abschmecken und sofort mit den Maischips servieren.

ALS SNACK FÜR 4 PERSONEN

Knusprige Fischfilets

90 g Reismehl
¼ TL gemahlener Kreuzkümmel
¼ TL geräuchertes Paprikapulver (Pimentón de la Vera)
¼ TL Zitronenpfeffer
Meersalz
1 Prise frisch gemahlener schwarzer Pfeffer

4 Fischfilets à etwa 150 g (z. B. Seezunge, Seehecht oder Goldbarsch)
Olivenöl zum Braten

CHILIMAYONNAISE
1 TL gute scharfe Chilipaste
125 ml gute Mayonnaise

Mehl und Gewürze sowie ¼ TL Meersalz in eine große Schüssel geben und sorgfältig vermischen. Die Fischfilets nach Belieben halbieren, in dem gewürzten Mehl wenden und gleichmäßig damit überziehen. Überschüssiges Mehl abschütteln.

In einer Pfanne oder einem Wok etwas Olivenöl erhitzen, bis es fast raucht. Die Filets darin portionsweise goldbraun und knusprig braten. Mit einer Küchenzange oder einem Schaumlöffel herausheben und auf Küchenpapier abtropfen lassen. Bei niedriger Temperatur im Backofen warm stellen, während die übrigen Filets gebraten werden.

Für die Chilimayonnaise die Chilipaste und Mayonnaise in einer kleinen Schüssel sorgfältig verrühren.

Die Fischfilets auf einem Teller anrichten, mit etwas Meersalz nach Geschmack würzen und mit der Chilimayonnaise servieren. Dazu ein gutes kaltes Bier reichen.

FÜR 4 PERSONEN

Bei dem einfachen Dip, der zu den Austern gereicht wird, sind die Aromen süß (Palmzucker), salzig (Fischsauce), sauer (Limette) und scharf (Chilischote) vollkommen ausgewogen. Der Palmzucker verleiht dem Dip eine feine volle Süße, ersatzweise kann aber auch normaler Zucker verwendet werden. Der Grill muss eine Haube haben, da man sonst nicht mit ihm räuchern kann. Zudem benötigen Sie ein Kuchengitter aus Metall sowie eine Räucherbox und Holzspäne (z.B. Hickory und Jack Daniel's Wood), die Sie bei Anbietern von Grillzubehör bekommen.

Geräucherte Austern mit Thai-Chilisauce

12 sehr frische große Austern (wenn Sie schon mal dabei sind, möchten Sie aber vielleicht zwei oder drei Dutzend Austern räuchern!)
12 Cracker zum Servieren

THAI-CHILISAUCE
1½ TL geriebener Palmzucker
Saft von 1 Limette
1 kleine scharfe Chilischote, fein gehackt
1½ TL Fischsauce

Alle Zutaten für die Chilisauce in eine kleine Schüssel geben und sorgfältig verrühren. (Ich erwärme meine Chilisauce behutsam auf dem Grill, um sicherzustellen, dass sich der Palmzucker auflöst und gut vermischt – man muss sie dazu aber nicht kochen.) Abdecken und beiseitestellen.

Bei Verwendung eines Kugelgrills diesen 40 Minuten im Voraus entzünden! Diese Grills sind großartig, aber man muss vorausschauend denken, damit sie auf die richtige Temperatur kommen. Nur auf eine Seite des Grills Kohlen geben, denn es ist keine sehr große Hitze erforderlich – sagen wir etwa 120 °C.

Die Austern aus der Schale lösen. Das Fleisch in einen Topf mit kochendem Wasser geben und etwa 30 Sekunden kochen lassen, damit es etwas fester wird. Die Austern herausheben, auf ein sauberes trockenes Küchenhandtuch legen und vollkommen trocken tupfen, damit später der Rauch an ihnen haften bleibt.

Die Holzspäne in die Räucherbox geben und die Box direkt auf die heißen Kohlen setzen. Den Grillrost auflegen. Dann das Kuchengitter abseits der Hitze auf die andere Seite des Grillrosts stellen. Die Austern auf das Kuchengitter legen und den Deckel des Grills schließen. Den Rauch 25–35 Minuten wirken lassen, nach etwa 15 Minuten die Austern drehen. Die Austern sind fertig, wenn sie sich fest anfühlen und in der Mitte nicht mehr roh und wässrig aussehen.

Die Austern zu der Chilisauce geben und durchheben, um sie zu überziehen. Jede Auster auf einem Cracker servieren.

FÜR 1, 2 ODER 3 PERSONEN, JE NACHDEM, OB SIE BEREIT SIND, ZU TEILEN

Kartoffelspalten aus dem Ofen

3 große Kartoffeln
Olivenöl zum Beträufeln

1 EL gutes Salz wie Maldon-Salz,
    Murray-River-Salz oder Meersalz-Flocken
1–2 TL Chilipulver (nach Belieben)

Den Backofen auf 190 °C vorheizen.

Die Kartoffeln schälen, waschen und trocken tupfen. Längs in der Mitte halbieren und die Hälften noch einmal längs in zwei Stücke schneiden. Nun aus jedem Viertel drei Spalten schneiden. Alle Spalten in eine große Schüssel geben, mit Olivenöl beträufeln, dann mit dem Salz und nach Belieben mit dem Chilipulver bestreuen. Die Kartoffeln sorgfältig mischen, bis sie gut mit Öl und Gewürzen überzogen sind.

Jetzt kommt der entscheidende Schritt, der die Kartoffeln richtig gut werden lässt: Die Stücke auf einem Backblech verteilen und dabei auf den runden Rücken stellen. So haben die Kartoffeln nur wenig Kontakt mit dem Backblech, was verhindert, dass sie gedämpft werden und am Blech festkleben. Zudem können Luft und Hitze so besser um sie zirkulieren. Die Kartoffeln werden quasi ohne Fett geröstet, wodurch ihre Außenseite wunderbar trocken und knusprig wird und nicht ölig ist!

Die Kartoffeln 35 Minuten im Backofen garen, bis sie außen gebräunt und leicht knusprig, innen dagegen weich und cremig sind. Sie müssen zwischendurch auch nicht gedreht werden. Ich stippe sie gern in Chilimayonnaise – die Mayonnaise, die ich auch für den Fisch auf Seite 39 verwende.

Supereinfach, lecker und großartig mit einem Bier!

FÜR 2 PERSONEN

Bei der traditionellen Herstellung von Brezeln verwendet man eine nicht ungefährliche Zutat, nämlich Natronlauge. Die geformte Brezel wird vor dem Backen etwa 5 Sekunden in diese Lauge getaucht und dann im heißen Ofen gebacken. Dort kommt es zu einer chemischen Reaktion, die die Lauge neutralisiert und der Brezel ihre wundervolle Farbe, ihre schöne Kruste und ihren speziellen Geschmack verleiht. In meinem Rezept tauche ich die Brezeln in eine völlig ungefährliche Mischung aus Haushaltsnatron und Wasser, was fast zum gleichen Ergebnis führt. Sie werden selbst feststellen, diese Brezeln schmecken verdammt lecker, vor allem zu Bier.

Brezeln

125 ml lauwarme Milch
125 ml lauwarmes Wasser
2 TL Rohzucker (Demerara) oder weißer Zucker
2 TL Trockenhefe
300–450 g Mehl (Type 405 oder 550),
    plus mehr für die Arbeitsfläche

1 EL weiche Butter
4 TL Natron
gutes Salz wie Murray-River-Salz,
    Maldon-Salz oder Meersalz-Flocken
    zum Bestreuen

Milch und lauwarmes Wasser in einem Krug verrühren – die Mischung sollte warm, aber nicht heiß sein. Zucker und Hefe unterrühren und die Mischung beiseitestellen. Nach 5–10 Minuten sollten sich zahlreiche Bläschen bilden.

300 g Mehl in die Rührschüssel geben, die Hefemischung noch einmal umrühren und dann langsam zu dem Mehl geben. Dabei mit den Knethaken der Küchenmaschine den Teig langsam kneten. Die weiche Butter ebenfalls dazugeben. Es entsteht ein Teig, der noch recht nass ist. Nach und nach weiteres Mehl zugeben, bis sich eine Teigkugel bildet. Die erforderliche Mehlmenge hängt von der verwendeten Mehltype ab, da verschiedene Mehle unterschiedliche Mengen Flüssigkeit aufnehmen. Der Teig sollte nicht zu trocken oder steif, sondern sehr weich und leicht klebrig sein. Den Teig auf die dünn bemehlte Arbeitsfläche setzen und etwa 5 Minuten kneten, bis er eine seidigere Konsistenz bekommt. Dann in eine mit Mehl bestäubte Glasschüssel legen – ich streiche gewöhnlich etwas Öl auf die Innenseiten der Schüssel und streue dann Mehl darauf. Dies verhindert, dass der Teig am Glas kleben bleibt. Die Schüssel mit Frischhaltefolie abdecken und für 1–2 Stunden an einen warmen Ort stellen, bis der Teig sein Volumen mindestens verdoppelt hat.

Den Backofen auf 230 °C vorheizen. Zwei Backbleche mit Backpapier belegen. Den Teig auf die bemehlte Arbeitsfläche setzen und zu einer langen Rolle formen, halbieren und jede Hälfte in drei Stücke schneiden.

Jedes Stück wiederum zu einer etwa 45 cm langen Rolle formen – in der Mitte etwas dicker als an den Enden. Das dickere Stück sollte etwa 6 cm lang sein.

Zum Drehen einer Brezel eine der Teigrollen auf die Arbeitsfläche legen. Die beiden Enden hochheben und den Teig so über die Arbeitsfläche halten, das er ein großes U bildet. Nun die Enden überkreuzen, sodass das U sich um sich selbst dreht. Die Rolle wieder auf die Arbeitsfläche legen und die Enden nach unten biegen und neben den dickeren Mittelteil legen. Die Finger mit etwas Wasser benetzen, die beiden Enden befeuchten und andrücken. Die anderen Brezeln auf die gleiche Weise formen. Übung macht den Meister!

In einer Pfanne 1 Liter Wasser mit dem Natron zum Kochen bringen. Eine Brezel hineinlegen. Nach etwa 10 Sekunden mit einer Küchenzange drehen und weitere 10 Sekunden in der Lauge lassen. Mit der Küchenzange oder einem Schaumlöffel herausheben und auf ein vorbereitetes Backblech legen. Mit den anderen Brezeln ebenso verfahren. Auf jedes Blech drei Brezeln legen. Die Brezeln großzügig mit Salzflocken bestreuen und 10 Minuten backen, bis sie ein dunkles Goldbraun haben.

Herausnehmen und möglichst ein wenig abkühlen lassen, ehe man sie verschlingt. Dazu trinkt man natürlich sein Lieblingsbier.

ERGIBT 6 STÜCK

Kleine Gerichte

Willkommen zur Weltreise des Kochens mit Bier. Ich hoffe, dies ist der Beginn eines langen und wunderbaren kulinarischen Ausflugs, bei dem Bier eine wichtige Rolle spielen wird. Die folgenden Rezepte werden Ihnen zeigen, auf welche Weise Bier zum Kochen verwendet werden kann. Reisen Sie durch Asien, Amerika, Australien, Mexiko, Frankreich, Spanien und Italien. Wenn jemand sagt, Sie könnten für irgendein Gericht kein Bier verwenden, belehren Sie ihn eines Besseren! Die Regel lautet: Wenn für ein Gericht Flüssigkeit verwendet wird, kann dies auch Bier sein – so einfach ist das. Sie können die Gerichte als Vorspeisen zubereiten, zu Hauptgerichten ergänzen oder als Tapas reichen. Was Sie auch tun, servieren Sie das verwendete Bier dazu und die Gerichte werden ein Riesenerfolg.

Der Wolfsbarsch oder Loup de Mer ist ein wunderbarer Speisefisch mit einem feinen Geschmack und festem, fast grätenlosem, weißen Fleisch. Ich bekomme meine Fische von meinem Fischhändler, der ein Meister des Filetierens ist.

Zum Ausbacken von Fisch verwende ich Olivenöl, Sie können jedoch auch ein anderes Pflanzenöl benutzen. Zudem frittiere ich die Fische eigentlich nicht, sondern brate sie eher. Das bedeutet, dass Sie die Filets umdrehen müssen, wenn die erste Seite gar ist.

Der hier verwendete Bierteig ist etwas Besonderes, da er durch das Reismehl später eine herrlich knusprige Konsistenz bekommt. Und die Salzigkeit und Würze der Sichuanpfefferkörner wird in Ihrem Mund eine Geschmacksexplosion auslösen! Damit das Gericht knusprig wird, muss der Teig möglichst kalt sein. Legen Sie daher das Bier für mindestens 15 Minuten in das Gefriergerät, ehe Sie es dem Mehl hinzufügen. Sie können den Teig sogar in einem Eiswasserbad zubereiten.

Loup de Mer in Pilsteig

2 EL Sichuanpfefferkörner
90 g Reismehl
1 EL Meersalz
¼ TL frisch gemahlener weißer Pfeffer
1 Flasche (330 ml) Pils (z. B. König Pilsener)

Olivenöl zum Braten
1 kg Loup de Mer (ersatzweise Rotbarsch- oder Seelachsfilet), halbiert oder gedrittelt oder 6–8 große Filets, längs halbiert

Die Pfefferkörner ohne Fett in eine kleine Pfanne geben und behutsam rösten, bis sie duften und zu rauchen beginnen. In einem Mörser zerreiben. Das Pulver mit Reismehl, Salz und weißem Pfeffer in eine Schüssel geben und alles sorgfältig vermischen. Etwa 125 ml Bier hinzufügen und untermischen – ich mag es, wenn der Teig etwas dicker als Sahne ist, Sie können aber auch mehr oder weniger Bier dazugeben, um ihn dicker oder dünner zu machen. Den Rest trinken Sie!

Einen Topf oder Wok etwa 2 cm hoch mit Olivenöl füllen und erhitzen. Es hat die richtige Temperatur, wenn es zu schimmern beginnt – den Rauchpunkt darf es nicht erreichen, da der Fisch sonst verbrennt. Die Filetstücke in den Teig geben und sorgfältig damit überziehen. Behutsam herausheben (ich benutze dazu die Finger, da eine Küchenzange den Fisch beschädigen kann) und im heißen Öl goldbraun braten, zwischendurch einmal wenden. Den Fisch je nach Größe des Topfs in zwei Portionen garen. Mit einem Schaumlöffel herausheben und auf Küchenpapier abtropfen lassen.

Heiß mit Zitrone, Sauce tartare oder Chilimayonnaise (siehe Seite 39) servieren.

FÜR 4 PERSONEN

BIERTIPP
Sie können für dieses Gericht auch Bitburger oder Krombacher Pils und sogar das italienische Peroni Nastro Azzurro verwenden.

Wie dick oder dünn Sie einen Teig machen, kommt darauf an, wofür Sie ihn verwenden. Wenn ich beispielsweise dieses Gericht mit Kalmar zubereite, finde ich einen leichteren oder dünneren Teig besser. Für Garnelen bevorzuge ich aber einen dickeren Teig, da das Reismehl den Teig schön knusprig macht und die Garnelen auch etwas mehr Teig vertragen.

Ich verwende für diesen Teig ein Weißbier, das dem Teig einen herrlich glatten Charakter verleiht und das mit seiner vielen Kohlensäure dafür sorgt, dass der Teig schön aufgeht.

Garnelen in knusprigem Weißbierteig

115 g Reismehl
100 g Mehl
1 TL Meersalz
½ TL frisch gemahlener schwarzer Pfeffer
½ TL gemahlener Kreuzkümmel

330 ml kaltes Weizenbier
    (z. B. Schneider oder Unertl Weißbier)
20 große rohe Garnelen, geschält,
    Därme und Schwanzfächer entfernt
750 ml Pflanzenöl

Reismehl, Mehl, Salz, Pfeffer und Kreuzkümmel in eine große Schüssel geben und sorgfältig vermischen. 250 ml Bier hinzufügen und mit einem Schneebesen unterschlagen. Wenn der Teig die gewünschte Konsistenz hat (gegebenenfalls noch etwas Bier hinzufügen), alle Garnelen hineingeben und gut durchrühren, um sie mit Teig zu überziehen.

Das Öl in einem Wok bei hoher Temperatur stark erhitzen. Das Fett ist heiß genug, wenn an einem Holzlöffelstiel, der in das Fett gehalten wird, rasch viele Bläschen aufsteigen. 7 Garnelen behutsam in das Öl gleiten lassen und frittieren, dabei vorsichtig rühren, damit sie nicht zusammenkleben. Nach etwa 2–3 Minuten die Garnelen mit einer Küchenzange drehen und weiterfrittieren, bis sie gar sind. (Ich drehe sie mehrmals, damit sie gleichmäßig garen und nicht stark gebräunt werden.) Herausheben und auf Küchenpapier abtropfen lassen, während die restlichen Garnelen in zwei Portionen gegart werden.

Mit Chilimayonnaise (siehe Seite 39) oder Chilisauce (siehe Seite 42) und einem Glas Bier, das für den Teig verwendet wurde, servieren.

FÜR 4 PERSONEN

Chicorée ist ein wunderbares Wintergemüse mit einem einzigartigen, leicht bitteren Geschmack. Gelegentlich ist auch roter Chicorée im Angebot, den Sie für dieses Gericht genauso verwenden können. Für die Käsesauce habe ich geriebenen Gruyère und ein schönes Kellerbier verwendet.

Chicorée mit Schinken und Käse-Bier-Sauce

20 g Butter
1 EL Mehl
125 ml Milch
125 ml Kellerbier (z. B. Weltenburger Klosterbier)

65 g Gruyère, gerieben
Meersalz und frisch gemahlener weißer Pfeffer
8 kleine Stauden Chicorée
8 Scheiben roher Schinken

Für die Sauce die Butter in einem Topf bei mittlerer Hitze zerlassen, bis sie zu schäumen beginnt. Nach und nach das Mehl hinzufügen, dabei ununterbrochen rühren. Die Mischung einige Minuten unter ständigem Rühren anschwitzen – die Temperatur darf dabei nicht zu hoch sein, damit die Mehlschwitze nicht braun wird. Dann langsam und sorgfältig die Milch unterschlagen und anschließend das Bier. Sollte die Sauce zu dick sein, noch etwas Bier und Milch in gleichen Mengen hinzufügen. Die Sauce sollte etwa die Konsistenz dicker Vanillesauce haben, dabei aber daran denken, dass sie nach Hinzufügen des Käses noch etwas dicker wird. Wenn sie die gewünschte Konsistenz hat, den Käse zugeben und weiterrühren, bis er geschmolzen ist. Mit Salz und Pfeffer abschmecken.

Die äußeren Blätter der Chicoréestauden entfernen und mit einem kleinen Messer den bitteren Strunk vorsichtig keilförmig herausschneiden. Die Stauden in einen Topf mit kochendem Salzwasser geben und 5–10 Minuten köcheln lassen. Der Chicorée sollte weich sein, aber noch etwas Biss haben. Mit einem Schaumlöffel aus dem Topf heben und das Wasser vollständig abtropfen lassen. (Das Gemüse bekommt etwas mehr Aroma, wenn man es in einer leichten Hühnerbrühe oder sogar in einer Mischung aus gleichen Teilen Wasser und hellem Bier gart.)

Auf vier Teller jeweils zwei Scheiben Schinken legen und auf jede Scheibe eine heiße Chicoréestaude setzen. Den Chicorée großzügig mit Sauce überziehen.

Dazu das Bier servieren, das für die Sauce verwendet wurde.

FÜR 4 PERSONEN

BIERTIPP
Gute Kellerbiersorten für dieses Gericht sind Weltenburger Klosterbier, Bischofshofer Kellerbier, Ayinger Kellerbier oder eine Sorte aus Ihrer Region.

Porter wird mit dunklem Röstmalz zubereitet, das ihm eine dunkle Farbe und Aromen von Kaffee, Schokolade, Rosinen und Karamell verleiht. Es ist ein komplexes, aromareiches Bier, perfekt für diese Suppe.

Französische Zwiebelsuppe mit Porter

45 g Butter
3 EL Olivenöl
4 Sardellenfilets
1 kg Zwiebeln, geschält und in Scheiben geschnitten
4 Knoblauchzehen, geschält und gehackt
1 EL gehackter frischer Thymian
4 getrocknete Lorbeerblätter

2 Flaschen (à 330 ml) Porter
   (z. B. Hoepfner oder Lausitzer Porter)
500 ml Rinderfond
2 TL brauner Zucker
1 TL Meersalz
1 TL frisch gemahlener schwarzer Pfeffer
1 Sauerteigbaguette
100 g Gruyère, gerieben

Butter und Olivenöl in einem großen Topf bei mittlerer Temperatur erhitzen. Wenn die Butter geschmolzen ist und sich mit dem Öl vermischt hat, die Sardellenfilets hinzufügen und etwa 5 Minuten braten, bis sie zerfallen sind.

Die Zwiebeln dazugeben und gut durchrühren, sodass alle Scheiben mit der Sardellenbutter überzogen werden. Auf mittlere Hitze reduzieren und den Deckel auf den Topf legen. Die Zwiebeln 30 Minuten sanft dünsten, zwischendurch mehrmals umrühren. Den Knoblauch zugeben und die Zwiebeln offen noch weitere 30 Minuten garen, dabei alle 5 Minuten umrühren, damit die Zwiebeln nicht zu stark bräunen oder am Topfboden ansetzen.

Thymian, Lorbeerblätter, Bier, Rinderfond, Zucker, Salz und Pfeffer zugeben und sorgfältig umrühren, damit die Aromen verschmelzen. Die Suppe zum Kochen bringen und nochmals 30 Minuten köcheln. Die Flüssigkeit sollte um ein Drittel einkochen, damit die Suppe dicker wird und eine dunklere Farbe bekommt.

Den Grill oder Backofengrill auf hoher Stufe vorheizen. Ein Backblech mit Alufolie abdecken. Von dem Baguette schräg 8 Scheiben von 1 cm Dicke abschneiden und goldbraun toasten. Die Toasts auf das Blech setzen und großzügig mit Käse bestreuen. In den Grill schieben, bis der Käse geschmolzen ist.

Die Suppe auf vier Teller verteilen und jeweils zwei Käsetoasts daraufsetzen.

FÜR 4 PERSONEN

Sauerkrautsuppe mit Speck und Weizenbier

2 EL Olivenöl
2 EL Butter, plus 25 g Butter
2 Stangen Staudensellerie, gewürfelt
1 Zwiebel, geschält und gehackt
120 g Speck, in kleine Stücke geschnitten
4–5 frische Thymianzweige
1 EL Senfpulver
1 EL Worcestersauce

500 ml Weizenbier (z. B. Schöfferhofer,
    Franziskaner oder Erdinger Weißbier)
500 ml guter Hühnerfond (nicht zu salzig)
25 g Mehl
125 ml Milch
125 g Sahne
175 g Sauerkraut
Meersalz und frisch gemahlener schwarzer Pfeffer

Olivenöl und die 2 EL Butter bei mittlerer Hitze in einen hohen Topf geben. Wenn die Mischung heiß ist, Staudensellerie, Zwiebel und Speck hinzufügen und etwa 5 Minuten unter Rühren braten. Abgezupfte Thymianblättchen, Senfpulver, Worcestersauce, Bier und Hühnerfond dazugeben und zum Kochen bringen. Die Hitze reduzieren und 15 Minuten köcheln lassen.

Für die Mehlschwitze die restliche Butter bei mittlerer Hitze in einem kleinen Topf zerlassen. Wenn sie schäumt, das Mehl hinzufügen und sorgfältig unterrühren. Unter gelegentlichem Rühren das Mehl 2–3 Minuten anschwitzen. Wenn das Mehl hellbraun wird, eine Kelle Suppenflüssigkeit in den Topf geben und gut unterschlagen. Noch etwas Brühe hinzufügen, bis eine dünne Paste entstanden ist. Milch und Sahne dazugeben. Die Mehlschwitze nach und nach in die Suppe rühren, bis diese dick wird.

Nun das Sauerkraut hinzufügen und gut mit der Suppe vermischen, den Topfinhalt wieder zum Kochen bringen und 5 Minuten köcheln lassen. Die Suppe nach Geschmack salzen und pfeffern und heiß servieren.

FÜR 4–6 PERSONEN

Jalapeño-Chilischoten in Bierteig

150 g Mehl
Meersalz und frisch gemahlener schwarzer Pfeffer
1 Flasche (330 ml) kühles Kellerbier (z. B. Aktien-
brauerei Kaufbeuren, Weltenburger Klosterbier)

16 frische grüne Jalapeño-Chilischoten,
etwa 5–6 cm lang
250 g Doppelrahmfrischkäse, zimmerwarm
2–3 EL fein gehackter frischer Schnittlauch
2–3 EL fein gehackte frische Minze
Pflanzenöl zum Frittieren

Den Grill oder Backofengrill vorheizen. Dann zuerst den Ausbackteig herstellen, damit er ruhen kann, während die Chilischoten gefüllt werden. Das Mehl in eine Schüssel geben und mit etwas Salz und Pfeffer würzen. So viel Bier unterschlagen, bis der Teig eine zähflüssige Konsistenz hat – er sollte weder zu dünn und noch zu dick sein. Im Kühlschrank aufbewahren, während die Jalapeños vorbereitet werden.

Die Chilischoten unter den heißen Grill legen. Immer wieder drehen, bis die Haut rundum geschwärzt ist. Für 5 Minuten in einen Gefrierbeutel legen, dann die Haut abziehen, ohne die Stiele zu beschädigen. Die Schoten auf einer Seite aufschlitzen, Samen und Trennwände entfernen, denn sie enthalten die meiste Schärfe. Wer es scharf mag, entfernt nur einen Teil. Ich empfehle allerdings, die Chilischoten erst einmal ohne Samen und Trennwände zuzubereiten!

Den Frischkäse in eine Schüssel geben. Je 2 EL Schnittlauch und Minze hinzufügen und sorgfältig unter den Käse mischen. Schneller und einfacher geht diese Arbeit mit dem elektrischen Handrührgerät. Die Mischung probieren und gegebenenfalls noch ein wenig mehr von einem oder beiden Kräutern hinzufügen. Die Käsemasse mit einem Teelöffel vorsichtig in die Chilischoten füllen, bis sie etwa die gleiche Form wie vor dem Grillen haben. Die Schnittstellen behutsam über dem Käse zusammenschieben, sodass die Chilischoten wie unbeschädigt wirken.

Ausreichend Öl zum Frittieren in einen Wok, eine Pfanne, einen Topf oder die Fritteuse geben und auf mittlere Temperatur (180 °C) erhitzen.

Den Teig aus dem Kühlschrank nehmen. Die gefüllten Jalapeños an den Stielen nehmen und behutsam in den Teig tauchen. Darauf achten, dass sie gut mit Teig überzogen sind. Überschüssigen Teig abtropfen lassen. Die Chilischoten vorsichtig in das heiße Öl gleiten lassen und 3 Minuten, oder bis sie goldbraun sind, frittieren. Je nach Größe des Topfs die Schoten in zwei oder drei Portionen frittieren. Mit einem Schaumlöffel aus dem Öl heben und auf Küchenpapier abtropfen lassen.

Die Chilischoten etwas abkühlen lassen, dann mit dem für den Teig verwendeten Bier servieren.

FÜR 3–5 PERSONEN, JE NACHDEM, WIE GIERIG ODER HUNGRIG SIE SIND!

BIERTIPP
Probieren Sie für den Teig neben den oben genannten Kellerbieren auch einmal mexikanisches Corona oder Bohemia.

Gebratene Jakobsmuscheln mit Biersauce hollandaise

3 EL Weißweinessig
60 ml helles Bier (z. B. Hacker Pschorr Münchner Hell, Paulaner oder Hofbräu Hell)
frisch gemahlener weißer Pfeffer
4 dünne Scheiben roher Schinken
3 Eigelb von Bio-Eiern

200 g Butter, zerlassen
Meersalz
2 EL Olivenöl
12 große Jakobsmuscheln, nur das weiße Fleisch
1 Radicchio, in Blätter zerlegt

Den Backofen auf 200 °C vorheizen. In einem kleinen Topf Essig und Bier mit 1 Prise weißem Pfeffer zum Kochen bringen. Die Flüssigkeit auf ein Drittel einkochen lassen. Von der Kochstelle nehmen und zum Abkühlen beiseitestellen.

Ein Backblech mit Backpapier auslegen. Die Schinkenscheiben darauflegen und 10 Minuten in den Backofen schieben, bis sie knusprig sind. Herausnehmen und etwas abkühlen lassen, dann jede Scheibe in drei lange Streifen reißen.

Einen mittelgroßen Topf zu einem Viertel mit Wasser füllen. Das Wasser zum Kochen bringen, dann die Hitze so weit herunterschalten, dass es gerade noch köchelt – und wenn ich »gerade noch« sage, meine ich fast gar nicht. Eine hitzebeständige Glasschüssel auf den Topf stellen, die fest sitzt, ohne mit dem Wasser in Kontakt zu kommen. Eigelbe und Essig-Bier-Reduktion in die Schüssel geben und mit einem Schneebesen verschlagen. Etwa 4 Minuten weiterschlagen, bis die Mischung dick und schaumig ist und ihr Volumen verdoppelt hat. Nach und nach die zerlassene Butter unterschlagen. Nach Hinzufügen der gesamten Butter sollte eine dicke, cremige Sauce hollandaise entstanden sein. Mit Salz und Pfeffer abschmecken.

Das Olivenöl in einer beschichteten Pfanne bei hoher Temperatur erhitzen. Die Muscheln großzügig salzen und in der Pfanne 1–2 Minuten braten, bis sie gut gebräunt sind. Aus der Pfanne nehmen und warm stellen.

Auf vier Teller jeweils zwei bis drei Radicchioblätter legen und je drei Jakobsmuscheln daraufsetzen. Einen Klecks Sauce darüber- oder danebensetzen. Auf jede Muschel einen Streifen Schinken legen und dann servieren.

FÜR 4 PERSONEN

Ich mag Blauschimmelkäse. Es gibt hervorragende Sorten aus Ziegen- oder Schafsmilch. Sollten Ihnen diese aber zu kräftig schmecken, können Sie auch normalen Ziegenkäse oder guten Feta verwenden.

Zwiebel-Ziegenkäse-Tarte mit Stout

3 EL Olivenöl
2 Zwiebeln, in Scheiben geschnitten
1 rote Zwiebel, in Scheiben geschnitten
150 g Fenchel, in Scheiben geschnitten
3 Knoblauchzehen, geschält und in dünne
    Scheiben geschnitten
180 g Egerlinge, in Scheiben geschnitten
2 TL Rohzucker (Demerara)
125 ml Stout (z. B. Guinness Stout)
2 TL frische Thymianblätter

Meersalz und frisch gemahlener schwarzer Pfeffer
1 Rolle frischer Blätterteig (Kühlregal)
120 g Blauschimmel-Ziegenkäse (z. B. Capra Azzurra)
1 Bio-Ei, verquirlt

RUCOLASALAT
125 g Rucola
2 EL Olivenöl
2 EL Balsamico-Essig
1 Prise Meersalz

Die Hälfte des Olivenöls in einer Pfanne bei mittlerer Temperatur erhitzen. Alle Zwiebeln hineingeben und einige Minuten unter Rühren anschwitzen, bis sie gut mit Öl überzogen sind. Die Hitze reduzieren und die Zwiebeln unter häufigem Rühren 30 Minuten braten. Aus der Pfanne nehmen und warm stellen.

Das restliche Olivenöl in die Pfanne geben und bei mittlerer Hitze erwärmen. Den Fenchel etwa 5 Minuten sanft braten, Knoblauch zugeben und 10 Minuten sanft mitbraten und schließlich die Pilze weitere 5 Minuten mitgaren. Zucker, Stout und Thymian zugeben und 5 Minuten weiterbraten. Die Zwiebeln untermischen. Alles großzügig salzen und pfeffern und 5–10 Minuten weitergaren, bis fast die gesamte Flüssigkeit verdampft ist. Von der Kochstelle nehmen und abkühlen lassen.

Den Backofen auf 200 °C vorheizen. Die ausgerollte Blätterteigplatte samt anhaftendem Backpapier quer halbieren, sodass 2 Rechtecke von etwa 25 x 21 cm entstehen. Etwa 2 cm von den Rändern entfernt mit einem scharfen Messer ein inneres Rechteck markieren.

Die Zwiebelmischung innerhalb der markierten Rechtecke gleichmäßig auf beiden Teigplatten verteilen. Den Käse über die Mischung krümeln. Die Teigränder mit dem verquirlten Ei bestreichen. Die Tartes auf zwei Bleche legen und 12–15 Minuten backen, bis die Teigränder aufgegangen und dunkel goldbraun sind.

In der Zwischenzeit Rucola in eine Schüssel geben. Mit Olivenöl und Balsamico-Essig beträufeln. Etwas Salz zufügen und gut mischen.

Die Tartes halbieren. Mit Rucolasalat und einem Glas Stout servieren.

FÜR 4 PERSONEN

BIERTIPP
Mit Coopers Best Extra Stout oder Crailsheimer Engelbräu Dunkler Bock wird die Tarte auch sehr lecker.

Dieses Gericht eignet sich großartig als Frühstück oder Mittagessen oder als Snack für den späten Abend. Man bereitet es einfach am Vortag vor und stellt es in den Kühlschrank, wo es jederzeit griffbereit ist!

Eier mit dreierlei Bohnen

75 g getrocknete Augenbohnen
75 g getrocknete Kidneybohnen
75 g getrocknete Wachtelbohnen
45 ml Olivenöl
1 Zwiebel, geschält und gehackt
2 Knoblauchzehen, geschält und gehackt
1 kleine rote Chilischote, fein gehackt
½ rote Paprikaschote, in lange Streifen geschnitten
2 EL Tomatenmark

1 Dose Tomatenstücke (400 g)
1 EL Worcestersauce
1 EL brauner Zucker
330 ml dunkles Bier (z. B. Hofbräu Dunkel)
250 g rohes Kasseler am Stück, in kleine Stücke geschnitten
25 g frische Basilikumblätter
1 TL gehackter frischer Majoran
Meersalz und frisch gemahlener schwarzer Pfeffer
8 Bio-Eier

Die getrockneten Bohnen in einer großen Schüssel mit kaltem Wasser über Nacht quellen lassen oder mit 1 l Wasser in ein großes mikrowellenfestes Glasgefäß geben und mit aufgelegtem Deckel bei hoher Stufe 11 Minuten im Mikrowellengerät garen. Herausnehmen und mit Deckel beiseitestellen.

Das Olivenöl in einem großen Topf bei mittlerer Temperatur erhitzen. Die Zwiebel hinzufügen, gut durchrühren und nach Reduzieren der Hitze etwa 8 Minuten braten. Knoblauch, Chilischote und Paprikastreifen dazugeben und bei mittlerer Hitze unter gelegentlichem Rühren 8 Minuten weiterbraten. Das Tomatenmark unterrühren, einige Minuten mitbraten und schließlich die Tomaten zufügen und alles mehrere Minuten weitergaren.

Worcestersauce, Zucker, Bier, Kasseler, die Hälfte des Basilikums, Majoran und 250 ml Wasser zugeben und gut durchrühren, während die Mischung zum Kochen gebracht wird. Mit Salz und Pfeffer abschmecken. Die Bohnen abtropfen lassen, in den Topf geben, gut untermischen und alles im geschlossenem Topf 2–3 Stunden köcheln lassen, gelegentlich umrühren und noch etwas Basilikum dazugeben, bis die Bohnen weich sind. Falls Sie sie nicht sofort servieren wollen: Abkühlen lassen, dann in einem luftdicht verschlossenen Behälter im Kühlschrank aufbewahren.

Vor dem Servieren den Backofen auf 230 °C vorheizen. Die Bohnenmischung ggf. in der Mikrowelle wieder erhitzen und acht ofenfeste Förmchen etwa zu drei Vierteln damit füllen. In der Mitte eine Mulde formen und 1 Ei hineinschlagen. Die Förmchen für 10–15 Minuten in den Backofen schieben, bis die Eier gestockt sind.

FÜR 8 PERSONEN

BIERTIPP
Bereiten Sie diesen deftigen Bohneneintopf auch einmal mit Coopers Best Extra Stout, einem Guinness oder dem Celebrator der Ayinger Brauerei zu.

Auf dem Herd

Wenn man Speisen in einer Pfanne auf dem Herd zubereitet, ähnelt das dem Malen eines Bildes. Man nimmt die einzelnen Elemente, fügt sie in einer bestimmten Reihenfolge zusammen und am Ende hat man etwas vollkommen Neues geschaffen. Eine Pfanne ist wie eine Künstlerpalette, auf der Farben und Aromen gemischt und kombiniert werden, um etwas herzustellen, das wesentlich besser als die Einzelkomponenten ist. Stellen Sie sich cremeweißen Lauch, feurig-rote Chilischote, butterweichen zerdrückten Knoblauch, grüne, rote und gelbe Paprikaschoten, braun-rote Chorizo, rosa Schweinelende, rote und weiße Zwiebeln, gelbe Safranfäden, violette Auberginen, rötlich braunes Paprikapulver, rubinrotes Bier, weißen Reis, schwarze Oliven, leuchtend gelbe Zitrone und grüne Kräuter vor! Das ist Ihr Meisterwerk, das sanft auf dem Herd köchelt und darauf wartet, alle Sinne zu entzücken.

Eine gute Freundin von mir ist Braumeisterin bei True South im Melbourner Vorort Black Rock. Eines Tages ging ich etwas frech mit einem großen Gefäß zu ihr und bat sie, mir etwas von ihrem dunklen Bier aus dem Gärbottich zu geben. Das Bier verwendete ich dann für dieses Rezept. Es hat Kaffee- und Schokoladennoten, schmeckt sehr malzig und besitzt einen milden Hopfencharakter – perfekt für Lamm-Tajine.

Lamm-Tajine mit Porter

MARINIERTES LAMMFLEISCH

1 kg Lammkeule ohne Knochen, in 4 cm große
    Würfel geschnitten
1 TL gemahlener Kreuzkümmel
1 TL Knoblauchpulver
1 TL gemahlener Koriander
1 TL Cayennepfeffer
½ TL gemahlene Kurkuma
½ TL Selleriesalz
½ TL gemahlene Gewürznelken
½ TL gemahlener Zimt
½ TL gemahlener Kardamom
Meersalz und frisch gemahlener schwarzer Pfeffer

500 ml Porter (z. B. Privatbrauerei Hoepfner)
2 EL Olivenöl
1 Zwiebel, geschält, halbiert und in Scheiben
    geschnitten
2 Knoblauchzehen, geschält und in Scheiben
    geschnitten
½ TL getrockneter Thymian
2 Zesten von 1 Bio-Zitrone
250 ml guter Rinderfond
3 Möhren, geschält und in Stäbchen geschnitten
220 g entsteinte Backpflaumen
300 g Tiefkühl-Erbsen
gehacktes Koriandergrün zum Garnieren

Das Fleisch in eine Schüssel geben. Alle Marinadengewürze sowie Salz und Pfeffer hinzufügen. Die Fleischwürfel sorgfältig mit den Gewürzen vermischen, das Bier zugeben und mit dem Fleisch mischen. Alles mit Frischhaltefolie abgedeckt für 24 Stunden kalt stellen, zwischendurch ab und zu umrühren.

    Etwa 1 Stunde vor der Zubereitung das Fleisch aus dem Kühlschrank nehmen, damit es Zimmertemperatur annehmen kann. Eine ofenfeste Kasserolle bei mittlerer Temperatur erhitzen und das Olivenöl hineingeben. Die Zwiebel im heißen Öl etwa 5 Minuten glasig anschwitzen. Den Knoblauch hinzufügen und unter Rühren 5 Minuten mitbraten. Das Fleisch aus der Marinade heben. 250 ml Marinade aufbewahren. Das Fleisch bei starker Hitze anbraten, dabei häufig wenden. Thymian und Zesten dazugeben und einige Minuten weiterbraten. Fond und Marinade zufügen, zum Kochen bringen, die Hitze reduzieren und das Fleisch zugedeckt 45 Minuten köcheln lassen.

    Möhren und Backpflaumen untermischen. Alles zugedeckt noch einmal 45 Minuten garen. Zum Schluss die Erbsen zugeben und weitere 10 Minuten garen.

    Die Tajine mit dem Koriandergrün garnieren und mit Couscous servieren.

FÜR 4 PERSONEN

BIERTIPP
Sollten Sie kein Porter aus der Privatbrauerei Hoepfner bekommen, können Sie auch Lausitzer Porter verwenden.

Hähnchen-Lauch-Pie

3 EL Olivenöl, plus mehr zum Einfetten
600 g Bio-Hähnchenbrüste,
    in kleine Würfel geschnitten
1 Prise getrockneter Thymian
Meersalz und frisch gemahlener schwarzer Pfeffer
1 Prise gemahlener Kreuzkümmel
1 Stange Lauch, nur der weiße Teil, längs geviertelt, dann in schmale Streifen geschnitten
1 Knoblauchzehe, geschält und zerdrückt
2 Möhren, geschält und gewürfelt
2 Stangen Staudensellerie, gewürfelt

3 festkochende Kartoffeln, geschält und gewürfelt
100 g Tiefkühl-Erbsen
3 Platten Tiefkühl-Blätterteig, aufgetaut
1 Bio-Ei, verquirlt
Sesam zum Bestreuen

SAMTSAUCE
30 g Butter
30 g Mehl
250 ml guter Hühnerfond, erhitzt
250 ml Altbier (z. B. Hannen Alt)

Den Backofen auf 200 °C vorheizen. 6 Pieförmchen à 250 ml einfetten.

Die Hälfte des Olivenöls in einer großen Pfanne bei mittlerer Temperatur erhitzen. Das Hähnchenfleisch hineingeben und rühren, bis es sich weiß gefärbt hat, aber nicht durchgaren, da es in der Pie noch weitergart. Thymian sowie etwas Salz und Pfeffer gut untermischen. Das Fleisch in eine Schüssel füllen.

Das restliche Öl in die Pfanne geben und den Lauch darin bei mittlerer Hitze einige Minuten braten. Die Temperatur reduzieren. Den Knoblauch in die Pfanne geben und einige Minuten sanft braten. Möhren, Sellerie und Kartoffeln hinzufügen und ebenfalls einige Minuten unter Rühren braten. Das Gemüse bei schwacher Hitze weitergaren, während die Samtsauce zubereitet wird.

Dafür die Butter bei mittlerer Hitze in einem Topf zerlassen. Das Mehl unterrühren und einige Minuten anschwitzen. Dann langsam den Fond und anschließend das Bier hineinrühren, bis eine dicke glatte Sauce entstanden ist. Salzen und pfeffern und den Fleischsaft untermischen.

Die Sauce zum Gemüse geben und 25–30 Minuten köcheln lassen, bis das Gemüse gar, aber noch bissfest ist. Zum Schluss die Erbsen und das Fleisch dazugeben und 5 Minuten in der Gemüsesauce erhitzen.

Nun 6 Blätterteigdeckel für die Pieförmchen ausschneiden. Ein Förmchen umgedreht auf eine Teigplatte setzen und mit 1 cm Abstand rundum ausschneiden. (Gegebenenfalls dafür die Teigplatten einzeln auf wenig Mehl etwas ausrollen, bis man aus jeder Platte 2 runde Deckel für die Förmchen schneiden kann.) Die Fleischmischung auf die Pieförmchen verteilen. Verquirltes Ei auf den äußeren Rand der Förmchen streichen. Jeweils einen Deckel auflegen und an den Außenrändern festdrücken. Die Deckel mit Ei bestreichen und in der Mitte kreuzförmig einschneiden, damit Dampf entweichen kann. Mit Sesam bestreuen. Die Pies für etwa 10 Minuten in den Backofen schieben, bis der Teig aufgegangen, goldbraun und knusprig ist.
ERGIBT 6 STÜCK

BIERTIPP
Sie können für die Samtsauce auch ein anderes Altbier, z. B. Schlösser Alt, Diebels Alt oder ein dunkles Bier wie das Dithmarscher Dunkel verwenden.

Im belgischen Chimay befindet sich eine von nur sieben Brauereien auf der Welt, die Trappistenbier herstellt. Das Bier wird von Mönchen der Abtei Notre-Dame de Scourmont gebraut. Die Trappistenmönche machen ihr Bier seit 1862 und konzentrieren sich auf drei Hauptbiere – Chimay blanche (8 Vol.-%), Chimay rouge (7 Vol.-%) und Chimay bleue (9 Vol.-%). Ich liebe alle, denn es sind herrliche Biere mit viel Charakter und Alkohol. Es gibt nichts Besseres, als am Ende eines Tages ein Chimay zu trinken, pur oder mit etwas Käse. Eines meiner Lieblingsbiere ist Chimay bleue, das zu diesem Gericht ebenso gut passt wie Chimay rouge. Chimay blanche schmeckt leicht bitter, wenn man es zum Kochen verwendet. Da sich hier alle Trappistenbiere eignen, sollte man sie ausprobieren und die Unterschiede herausfinden. Weitere Trappistenbiere aus Belgien sind Orval, Westmalle, Rochefort, Westvleteren und Achel.

Bœuf bourguignon

etwa 90 ml Olivenöl

1 Stange Lauch, nur der weiße Teil, fein gehackt

2 Stangen Staudensellerie, gewürfelt

100 g durchwachsener Speck am Stück, gewürfelt

1 kg Rindfleisch zum Schmoren, in 4 cm große Würfel geschnitten

1 Bund frischer Zitronenthymian (20 g)

9 Perlzwiebeln, geschält

7 Knoblauchzehen, geschält

3 EL Madeira

1 EL Mehl

3 Möhren, geschält und schräg in 1 cm dicke Scheiben geschnitten

660 ml Trappistenbier wie Chimay rouge oder Chimay bleue

250 ml guter Rinderfond

3 Zesten von 1 Bio-Orange

3 getrocknete Lorbeerblätter

125 g passierte Tomaten

Meersalz und frisch gemahlener schwarzer Pfeffer

8 Egerlinge, gesäubert und geviertelt

300 g grüne Bohnen, geputzt und in 5 cm lange Stücke geschnitten

3 EL gehackte glatte Petersilie

Die Hälfte des Olivenöls in einer tiefen ofenfesten Kasserolle bei mittlerer Temperatur erhitzen. Den Lauch hinzufügen und unter Rühren etwa 5 Minuten anbraten. Sellerie und Speck dazugeben und 5 Minuten weiterbraten. Die Mischung aus dem Topf nehmen und beiseitestellen.

2 Esslöffel Olivenöl in den Topf geben und bei starker Hitze die Hälfte der Rindfleischwürfel anbraten, bis sie gut gebräunt sind. Währenddessen etwa 1 TL Thymianblättchen von den Zweigen abstreifen und über das Fleisch streuen. Das

gebräunte Fleisch mit einer Küchenzange auf einen mit Küchenpapier belegten Teller heben, damit überschüssiges Öl aufgesaugt wird. Das restliche Fleisch ebenso anbraten, dabei wieder etwas Zitronenthymian hinzufügen und zu den anderen Fleischwürfeln geben.

Die Kasserolle bei mittlerer Temperatur wieder erhitzen. Nötigenfalls noch etwas Öl hineingeben. Zwiebeln und Knoblauch hineinrühren und etwa 5 Minuten anbraten, bis die Zwiebeln gebräunt sind und ihr aromatischer Duft die Luft erfüllt. Den Madeira hinzufügen und mit einem Holzlöffel den Bratensatz lösen. Das Fleisch wieder in den Topf geben und das Mehl darüberstreuen. Die Zutaten gut vermischen. Möhren, Lauch, Sellerie und Speck hinzufügen und sorgfältig untermischen.

Bei mittlerer Hitze Bier und Fond dazugießen und unter Rühren zum Kochen bringen. Orangenzesten, Lorbeerblätter, passierte Tomaten, 1 große Prise Meersalz und etwas Pfeffer dazugeben und unterrühren. Die Hitze so weit reduzieren, dass der Topfinhalt noch köchelt, dann zugedeckt etwa 40 Minuten schmoren lassen.

Die Pilze hinzufügen und ohne Deckel weitere 20 Minuten garen. Schließlich die Bohnen zugeben und 10 Minuten mitgaren. Das Gericht von der Kochstelle nehmen und mit Petersilie bestreuen.

Mit Kartoffelpüree oder kleinen Salzkartoffeln servieren.

FÜR 4 PERSONEN

Weizenbier-Risotto mit Meeresfrüchten

2 l guter Hühnerfond
50 g Butter
1 Zwiebel, geschält und fein gewürfelt
100 g Speck, fein gewürfelt
3 EL gehacktes Koriandergrün
300 g Arborioreis
330 ml Hefeweizen (z. B. Erdinger Weißbier)
16 rohe Garnelen, geschält, die Därme entfernt

140 g Tiefkühl-Erbsen
12 Jakobsmuscheln, Corail gegebenenfalls
    abgetrennt
200 g kleine Kalmartuben, gesäubert und
    rautenförmig eingeritzt, dann in 1 x 3 cm
    große Stücke geschnitten
Meersalz und frisch gemahlener schwarzer Pfeffer

Den Hühnerfond in einen Topf gießen und zum Kochen bringen. Die Hitze so weit reduzieren, dass er gerade noch köchelt.

Die Butter in einem großen schweren Topf bei mittlerer Temperatur zerlassen. Wenn sie schäumt, die Zwiebelwürfel zufügen und anschwitzen, bis sie glasig sind. Den Speck dazugeben und unter Rühren braten, bis er bräunt, die Zwiebel dabei aber nicht bräunen. 1 Esslöffel Koriandergrün und den Reis zufügen. Gut umrühren und den Reis 3 Minuten braten. Das Bier zugeben und sorgfältig unterrühren.

Hat der Reis das Bier vollständig aufgenommen, eine Kelle köchelnden Fonds dazugeben und unterrühren. Weiterrühren, bis die Flüssigkeit vom Reis aufgenommen ist, und die nächste Kelle hinzufügen. Die Temperatur prüfen: Der Reis sollte den Fond weder zu schnell noch zu langsam aufnehmen. Richtig ist eine Garzeit von insgesamt etwa 30 Minuten. Vor Zugabe der letzten zwei Kellen des Fonds den Reis probieren. Er sollte außen weich, innen aber bissfest sein.

Wenn der Reis fast fertig ist, Garnelen und Erbsen dazugeben und einige Minuten mitgaren. Noch etwas heißen Fond, dann Jakobsmuscheln (nach Belieben mit Corail) und den Kalmar zufügen. Sorgfältig umrühren, damit alles mit Reis bedeckt wird. Den Topfinhalt noch einmal einige Minuten erhitzen. Die letzte Kelle Fond und das restliche Koriandergrün dazugeben und rühren, bis fast die gesamte Flüssigkeit aufgenommen ist und die Meeresfrüchte gar sind. Der Reis sollte glatt und cremig sein. Den Risotto nach Geschmack salzen und pfeffern.

Abhängig von der Garzeit des Reises ist möglicherweise weniger oder mehr Hühnerfond erforderlich. Den Reis immer wieder probieren, um festzustellen, wie er den Fond aufnimmt und ob weitere Kräuter oder Gewürze notwendig sind. Für mehr Aroma können auch ungeschälte Garnelen verwendet werden. Allerdings wird dann das Verzehren des Risottos recht schwierig.

Mit einem einfachen grünen Salat servieren.

FÜR 4 PERSONEN

BIERTIPP
Für dieses Rezept sind folgende Weizenbiersorten geeignet: Schöfferhofer, Maisel, Franziskaner oder Flensburger Weißbier.

Nudeln mit Muscheln in Weizenbiersud

1 EL Butter sowie 50 g Butter, gehackt
1 EL Olivenöl
1–2 kleine rote Chilischoten, fein gehackt
2 Knoblauchzehen, geschält und fein gehackt
3 kleine Frühlingszwiebeln, nur die weißen Teile,
    fein gehackt
3 EL gehacktes Koriandergrün
200 ml guter Hühnerfond

200 ml Hefeweizen (z. B. Schneider Weißbier)
200 g Stangenbrokkoli oder Brokkoliröschen,
    in 3 cm lange Stücke geschnitten
Meersalz und frisch gemahlener schwarzer Pfeffer
650 g Herz- oder Venusmuscheln
400 g Capellini
Zitronenspalten zum Beträufeln der Nudeln

Für die Nudeln Wasser in einem großen Topf zum Kochen bringen.

In der Zwischenzeit 1 EL Butter und das Olivenöl in einer großen Pfanne bei mittlerer Temperatur erhitzen. Wenn die Butter zu schäumen beginnt, Chili-schote, Knoblauch und Frühlingszwiebeln dazugeben und 1–2 Minuten anschwitzen. Auf mittlere Temperatur herunterschalten und die Zutaten noch einmal 2–3 Minuten braten, sie dürfen aber nicht verbrennen. Das Koriandergrün hinzufügen und etwa 2 Minuten mitbraten. Auf starke Hitze heraufschalten. Hühnerfond und Bier dazu-geben. Wenn die Flüssigkeit kocht, die Temperatur so weit reduzieren, dass sie nur noch köchelt. Den Pfanneninhalt köcheln lassen, bis er auf ein Drittel reduziert ist.

Den Brokkoli hinzufügen. Gut umrühren und die Mischung salzen und pfeffern. Die Muscheln dazugeben und unterrühren. Den Deckel auflegen und alles weitere 3 Minuten garen, zwischendurch die Pfanne ein- oder zweimal kräftig rütteln.

Die Nudeln mit einer großen Prise Salz im kochenden Wasser garen, bis sie al dente sind – bei Capellini dauert dies nur 3 Minuten. Die Nudeln abtropfen lassen, dann mit der restlichen gehackten Butter und einem Spritzer Zitronensaft in die Pfanne geben. Rühren, bis die Butter geschmolzen ist und die Nudeln gut mit Sauce überzogen sind.

Das Gericht auf vier Teller verteilen und sofort servieren. Die Zitronenspalten dazu reichen.

FÜR 4 PERSONEN

BIERTIPP
Es gibt eine große Auswahl an Weizen-bieren, die Sie verwenden können: Unertl Weißbier, Grünbacher Weiß-bier oder auch Kuchlbauer Weisse.

Steinpilz-Risotto mit Stout

15 g getrocknete Steinpilze
2 l guter Hühnerfond (am besten selbst gemacht)
3 EL Butter
1 Zwiebel, geschält und fein gewürfelt
300 g Arborioreis
250 ml Coopers Best Extra Stout

¼ eingelegte Zitrone, das salzige Fruchtfleisch entfernt, die Schale fein gehackt (siehe unten)
300 g Tiefkühl-Erbsen
2 EL geriebener Parmesan
Meersalz und frisch gemahlener schwarzer Pfeffer

Die Pilze mit kochendem Wasser bedecken und 10 Minuten quellen lassen, dann ausdrücken, fein hacken und beiseitestellen. 60 ml Einweichwasser aufbewahren.

In der Zwischenzeit den Hühnerfond in einem Topf zum Kochen bringen. Die Hitze so weit reduzieren, dass der Fond nur noch köchelt. In einem großen Topf 2 EL Butter bei mittlerer Hitze zerlassen. Die Zwiebel hineingeben und unter häufigem Rühren braten, bis sie weich ist. Den Reis hinzufügen, sorgfältig unterrühren und etwa 1 Minute mitbraten. Pilze und Einweichwasser zugeben und unterrühren.

Sobald der Reis das Wasser aufgenommen hat, das Bier dazugießen. Den Reis ununterbrochen rühren, bis das Bier vom Reis aufgenommen ist. Eine Kelle köchelnden Hühnerfond hinzufügen und rühren, bis auch sie aufgenommen ist. So fortfahren, bis noch etwa ein bis zwei Kellen Fond vorhanden sind.

Eingelegte Zitrone und Erbsen in den Topf geben, dann den restlichen Fond. Wenn die Flüssigkeit fast vollständig aufgenommen ist, den Herd ausschalten. Restliche Butter und Parmesan hinzufügen und sorgfältig unterrühren – der Risotto sollte jetzt glatt und cremig sein. Salz und Pfeffer nach Geschmack dazugeben.

Den Risotto mit einem einfachen gemischten Salat, der Rucola enthält und mit Olivenöl und Balsamico-Essig angemacht ist, servieren.

FÜR 4 PERSONEN

EINGELEGTE ZITRONEN: Wenn Sie keine eingelegte Zitrone bekommen, können Sie diese selbst machen. Dafür 6 Bio-Zitronen heiß waschen, abtrocknen und jede Zitrone an beiden Enden kreuzweise tief einschneiden. In allen Schnitten jeweils knapp 1 TL Meersalz verteilen. Die Zitronen in ein sterilisiertes großes, verschließbares Glas füllen (siehe Seite 153). 150 g Meersalz mit 1 l Wasser aufkochen, bis sich das Salz völlig gelöst hat. Dann das Wasser kochend heiß über die Zitronen gießen. Sie müssen vollständig mit Wasser bedeckt sein. Das Glas verschließen und mindestens 1 Woche an einem kühlen, dunklen Ort stehen lassen. Das Glas ein- bis zweimal täglich schütteln, sodass die Zitronen immer gut mit Flüssigkeit benetzt sind. Weitere 4 Wochen durchziehen lassen. Die Zitronen sind 4 Monate haltbar.

BIERTIPP
Sie können den aromatischen Risotto auch mit Guinness Stout, Schneider Aventinus oder Erdinger Pikantus zubereiten.

Chili con Carne

3 EL Olivenöl
1 Zwiebel, geschält und gewürfelt
2 Möhren, geschält und gewürfelt
2 Stangen Staudensellerie, gewürfelt
1 Chorizo, gewürfelt
2 Knoblauchzehen, geschält und gehackt
1 kleine rote Chilischote, in Scheiben geschnitten
3 TL gemahlener Kreuzkümmel
3 TL gemahlener Koriander
3 TL geräuchertes Paprikapulver
    (Pimentón de la Vera)
1½ TL Cayennepfeffer
1½ TL gemahlener Oregano
700 g gemischtes Hackfleisch

2 EL eingelegte Jalapeño-Chilischoten, gehackt,
    sowie 1 EL Einlegeflüssigkeit
1 gelbe Chilischote, in Scheiben geschnitten
330 ml Weizenbock (z. B. Schneider Aventinus)
1 Dose Tomatenstücke (etwa 400 g)
1 Dose Kidneybohnen (etwa 400 g), abgespült
    und abgetropft
125 g grüne Bohnen, geputzt und in 1 cm große
    Stücke geschnitten
1 große Zucchini, gewürfelt
1 frische Jalapeño-Chilischote, nach Entfernen
    der Samen in Scheiben geschnitten
Meersalz und frisch gemahlener schwarzer Pfeffer
3 EL gehacktes Koriandergrün sowie
    Koriandergrün zum Garnieren

Das Olivenöl in einem großen Topf bei mittlerer Temperatur erhitzen. Zwiebel, Möhren und Staudensellerie hinzufügen und etwa 8 Minuten anschwitzen, bis die Zwiebel glasig ist. Die Chorizo dazugeben und weitere 5 Minuten mitbraten. Knoblauch und rote Chilischote hinzufügen und unter Rühren noch etwa 3 Minuten mitbraten. Gewürze und Oregano dazugeben und mehrere Minuten rühren, bis die Mischung aromatisch duftet.

Die Temperatur erhöhen. Das Hackfleisch hinzufügen und anbraten, bis es krümelig gebräunt ist. Kontinuierlich rühren, um alle Zutaten und Aromen zu vermischen. Eingelegte Jalapeños, Einlegeflüssigkeit, gelbe Chilischote, Bier, Tomaten und Kidneybohnen dazugeben und das Ganze wieder zum Kochen bringen. Die Temperatur dann reduzieren und alles 20–25 Minuten köcheln lassen, zwischendurch gelegentlich umrühren.

Grüne Bohnen, Zucchini und die frische Jalapeño dazugeben und weitere 15 Minuten köcheln lassen. Mit Salz und Pfeffer abschmecken. Da Chili con carne dick und reichhaltig, aber nicht trocken sein sollte, gegebenenfalls noch etwas Wasser oder Bier unterrühren. Umgekehrt sollte es nicht zu flüssig oder suppenartig sein, weshalb ich es stets ohne Deckel zubereite.

Kurz vor dem Servieren das Koriandergrün unterrühren. In tiefen Tellern auf einer Mischung aus Basmati- und Jasminreis und mit etwas gehacktem Koriandergrün servieren.

FÜR 6 PERSONEN

BIERTIPP
Weizenbock ist ein starkes, meist dunkles Weizerbier mit 7–9 Vol.-% Alkoholgehalt. Es hat Noten von Toast und Schokolade und erinnert zudem an Gewürznelken und Banane, so wie man es von einem Weizenbier erwartet.

Panierte Sardinen mit Nudeln und Bohnen

NUDELN

100 g getrocknete Augenbohnen
200 g Capellini oder Spaghettini
Meersalz
3 EL Limettensaft
60 ml Hefeweizen (z. B. Krombacher Weißbier)
1 EL Butter
½ rote Zwiebel, geschält und fein gewürfelt
1 kleine rote Chilischote, nach Entfernen der
    Samen sehr fein gewürfelt
25 g Koriandergrün, gehackt

1 große Tomate, gehäutet und nach Entfernen der
    Samen fein gewürfelt

SARDINEN

100 g Semmelbrösel
25 g Parmesan, gerieben
1 Bio-Ei
150 g Mehl
Meersalz und frisch gemahlener schwarzer Pfeffer
6 Sardinendoppelfilets
Olivenöl zum Braten

Die Augenbohnen über Nacht in reichlich kaltem Wasser einweichen. Abtropfen lassen, in einen Topf geben, mit kaltem Wasser bedecken – kein Salz hinzufügen – und zum Kochen bringen. Die Hitze so weit reduzieren, dass die Bohnen noch köcheln. Etwa 35 Minuten garen, bis sie weich, aber bissfest sind. Die Bohnen abtropfen lassen, etwa 200 ml Garflüssigkeit für die Sauce aufbewahren.

Wenn Sie keine Zeit haben, die Bohnen über Nacht einzuweichen, die Bohnen in eine mikrowellenfeste Glasschüssel geben und mit etwa 750 ml Wasser bedecken. Einen Deckel auflegen und die Bohnen im Mikrowellengerät auf hoher Stufe etwa 11 Minuten garen.

Zum Panieren der Sardinen Semmelbrösel und Parmesan mischen und auf einem Teller verteilen. Das Ei in einer Schüssel verschlagen und beiseitestellen. Das Mehl in einen sauberen Gefrierbeutel geben und mit Salz und Pfeffer würzen. Die Sardinenfilets hinzufügen. Die Tüte schließen, behutsam schütteln, um die Filets mit Mehl zu überziehen. Die Sardinen herausnehmen und überschüssiges Mehl abschütteln. Die Filets in das verquirlte Ei tauchen, dann in die Semmelbröselmischung drücken und vollständig mit ihr überziehen.

Ausreichend Olivenöl (etwa 1 cm) in einer Pfanne bei mittlerer Temperatur erhitzen. Jeweils 3 Sardinen gleichzeitig braten, dabei häufig drehen, damit sie gleichmäßig garen, ohne zu verbrennen. Wenn sie goldbraun sind, mit einer Küchenzange aus dem Öl heben und auf Küchenpapier abtropfen lassen. Dann im vorgeheizten Backofen warm stellen, während die übrigen Sardinen gebraten werden.

In der Zwischenzeit die Nudeln nach Packungsangabe in Salzwasser kochen, bis sie gerade al dente sind.

Limettensaft und Bier in einer Pfanne bei mittlerer Temperatur zum Kochen bringen. Die Butter hinzufügen und rühren, bis sie geschmolzen ist. Zwiebel und Chilischote unterrühren, dann Koriandergrün, Bohnen und schließlich die Tomate untermischen. Zwiebel und Tomate sollen nicht gegart, sondern nur erhitzt werden. Nach Möglichkeit sollten die Nudeln fertig sein, gleich nachdem die Tomate in die Pfanne gegeben wurde.

Die Nudeln mit einer Küchenzange aus dem kochenden Wasser heben und direkt in die Pfanne mit der Sauce geben. Abtropfen ist nicht erforderlich, da das den Nudeln anhaftende Wasser der Sauce Volumen und Aroma verleiht. Alles sorgfältig vermischen.

Auf einer Hälfte eines Tellers drei Sardinen aufeinanderlegen. Mit einer Gabel die Hälfte der Nudeln zu einem Nest aufrollen und neben die Sardinen setzen. Die Gabel vorsichtig herausziehen, damit das Nest nicht zerfällt. Mit einem zweiten Teller und den übrigen Sardinen und Nudeln ebenso verfahren. Die restliche Sauce aus der Pfanne über die Nudeln geben.

Das Gericht mit einem Beilagensalat servieren.

FÜR 2 PERSONEN

BIERTIPP
Für dieses Gericht geeignete Weiß-biere sind neben Krombacher auch Flensburger oder Schöfferhofer Weißbier.

Weizenbier-Fischpie

POCHIERTER FISCH

125–150 g Filet von weißfleischigem Fisch
    (z. B. Leng, Kabeljau, Flussbarsch), ohne Haut
1 großes Regenbogenforellenfilet mit Haut
200 ml Milch
200 ml Hefeweizen (z. B. Franziskaner Weißbier)
Meersalz und frisch gemahlener schwarzer Pfeffer
2 EL fein gehackter frischer Estragon
2 EL Olivenöl
½ Stange Lauch, nur der weiße Teil, fein gewürfelt
1 Möhre, geschält und fein gewürfelt
1 Stange Staudensellerie, fein gewürfelt
6 rohe Garnelen, geschält, die Därme entfernt,
    Schwanzfächer belassen

8 Jakobsmuscheln mit Corail
25 g Butter
25 g Mehl
1 TL Dijonsenf
1 Spritzer Zitronensaft
40 g Cheddar, gerieben (wer mag, kann auch
    Räucherkäse verwenden)
1 Prise frisch gemahlener weißer Pfeffer
Meersalz
3 mehligkochende Kartoffeln, geschält und in je
    8 Stücke geschnitten sowie Milch, Sahne und
    Butter zur Herstellung von Kartoffelpüree

Den Backofen auf 180 °C vorheizen.

Zuerst den Fisch pochieren. Dafür die Fischfilets in eine rechteckige ofenfeste Form legen. Milch und Bier darübergießen. Die Filets salzen und pfeffern und mit dem Estragon bestreuen. Die Form fest mit Alufolie abdecken und für 8–10 Minuten in den Backofen schieben, bis der Fisch gar ist und sich zerteilen lässt. Den Fisch aus der Form heben, die Garflüssigkeit aufbewahren. Die Haut von der Regenbogenforelle entfernen und wegwerfen. (Ich entferne sie erst nach dem Pochieren, weil sie der Garflüssigkeit zusätzliches Aroma verleiht.) Das Fischfilet in grobe Stücke teilen, in eine Schüssel geben, abdecken und warm stellen. Die Backofentemperatur auf 220 °C erhöhen.

Das Olivenöl in einer Pfanne bei mittlerer Temperatur erhitzen. Lauch, Möhre und Staudensellerie darin etwa 10 Minuten braten, bis das Gemüse weich und leicht gebräunt ist. Garnelen und Jakobsmuscheln unterrühren und braten, bis sie gerade gar sind. Die Pfanne von der Kochstelle nehmen.

Die Butter in einem Topf bei mittlerer Hitze zerlassen. Wenn sie schäumt, das Mehl hinzufügen und unterrühren. Die Mehlschwitze 2–3 Minuten rühren, dann nach und nach die aufbewahrte Garflüssigkeit unterschlagen, bis die Sauce glatt ist und beginnt, dick zu werden. Den Senf dazugeben und weiterrühren, bis die Sauce dick ist. Zitronensaft und Käse hinzufügen und rühren, bis der Käse geschmolzen ist. Den weißen Pfeffer dazugeben und gegebenenfalls Salz (der Käse macht die Sauce auch schon salzig). Von der Kochstelle nehmen.

Die Kartoffeln in einem Topf mit Salzwasser zum Kochen bringen und weich garen, dann abtropfen lassen. Die Kartoffeln bei geringer Hitze zerstampfen und etwas Milch, Sahne und Butter hinzufügen, bis das Püree die gewünschte Konsistenz hat – es sollte cremig, buttrig und nicht zu weich sein.

Den pochierten Fisch mit Garnelen, Jakobsmuscheln und Gemüse in eine ofenfeste tiefe Pieform geben und vermischen. (Oder alles auf zwei Portionsförmchen mit etwa 12 cm Durchmesser verteilen.) So viel Sauce über die Mischung gießen, dass sie gerade bedeckt ist – möglicherweise ist nicht die gesamte Sauce erforderlich. Die Form leicht schütteln, damit die Sauce sich setzt.

Die Pie behutsam und sorgfältig ganz mit dem Kartoffelpüree abdecken. Mit einer Gabel ein grobes Muster in das Kartoffelpüree ritzen. Die Pie für 10–15 Minuten in den Backofen schieben, bis die Kartoffelhaube braun und etwas knusprig ist. Das Gericht heiß servieren.

FÜR 2 PERSONEN

BIERTIPP

Für dieses edle Gericht mit Fisch, Garnelen und Jakobsmuscheln brauchen Sie ein Weizenbier. Ich empfehle Ihnen dafür Augustiner Weißbier oder Hofbräu Weißbier aus München oder auch ein süffiges Krombacher Weißbier.

Fischcurry mit belgischem Bier

1 TL Kreuzkümmelsamen

1 TL Koriandersamen

2 TL schwarze Senfkörner

3 kleine rote Chilischoten, fein gehackt

3 Knoblauchzehen, geschält und gehackt

2,5 cm Ingwerwurzel, geschält und gehackt

1 Prise Meersalz

45 ml Erdnussöl

1 rote Zwiebel, geschält und in Scheiben geschnitten

1 TL gemahlene Kurkuma

1 EL Currypulver

125 ml Kokosmilch

125 ml Kokoscreme

250 ml belgisches Leffe Blond

45 ml Zitronensaft

1 TL geriebener Palmzucker

2 TL Fischsauce

10 frische Curryblätter

80 g Zuckerschoten, geputzt

100 g kleine Kalmartuben, in Ringe geschnitten

12 rohe Garnelen, geschält, die Därme entfernt

400 g Rotbarsch- oder Seelachsfilet, in mundgerechte Stücke geschnitten

3 EL gehacktes Koriandergrün

Kreuzkümmelsamen, Koriandersamen und die Hälfte der Senfkörner bei mittlerer Temperatur ohne Fett in einer Pfanne rösten, bis sie duften. In einen Mörser geben und fein zermahlen. Chilischote, Knoblauch, Ingwer und Meersalz hinzufügen und alles zu einer Paste zerreiben. Die Paste beiseitestellen.

Das Öl in einer großen ofenfesten Kasserolle bei mittlerer Temperatur erhitzen. Die Zwiebel hinzufügen und etwa 10 Minuten unter Rühren braten, bis sie bräunt. Kurkuma, Currypulver und restliche Senfkörner unterrühren und einige Minuten braten, bis sie aromatisch duften. Die Gewürzpaste dazugeben und 10 Minuten bei starker Hitze rühren, damit sich die Zutaten vermischen und die Aromen verschmelzen.

Kokosmilch, Kokoscreme und Bier unterrühren und zum Kochen bringen. Die Hitze so weit reduzieren, dass die Mischung noch köchelt. Zitronensaft, Palmzucker, Fischsauce und Curryblätter zufügen. Das Curry abschmecken und gegebenenfalls nachwürzen, insbesondere mit Fischsauce und weitere 15 Minuten köcheln lassen.

Zuckerschoten dazugeben und 5 Minuten mitgaren. Kalmare, Garnelen und Fischfilets untermischen und 5–8 Minuten pochieren, oder bis sie gerade gar sind. Das Koriandergrün unterrühren.

Das Curry auf einer Mischung aus gegartem Jasmin- und Basmatireis servieren.

FÜR 4 PERSONEN

BIERTIPP
Leffe Blond ist ein obergäriges Bier, nach traditionellen Rezepten der Mönche gebraut. Es schmeckt fruchtig, vollmundig und süß.

Spanischer Linseneintopf mit Chorizo und Bier

1 Prise Safranfäden
3 EL Olivenöl
1 rote Zwiebel, geschält und fein gehackt
2 Knoblauchzehen, geschält und in dünne
    Scheiben geschnitten
1 rote Paprikaschote, Stielansatz, Samen und
    Scheidewände entfernt, grob gehackt
300 g geräucherte Chorizo, längs halbiert, dann
    schräg in 1 cm dicke Scheiben geschnitten
2 TL geräuchertes Paprikapulver
    (Pimentón de la Vera)

2 getrocknete Lorbeerblätter
4 frische Thymianzweige
2 Tomaten, Stielansatz entfernt, gehackt
Meersalz
660 ml San Miguel
500 ml guter Hühnerfond
frisch gemahlener schwarzer Pfeffer
2 EL Sherryessig
375 g grüne Linsen
125 g kleine Champignons, geviertelt
200 g Zucchini, fein gewürfelt

Die Safranfäden mit 60 ml kochendem Wasser übergießen und 15 Minuten ziehen lassen.

In der Zwischenzeit das Olivenöl in einem Topf bei mittlerer Temperatur erhitzen. Die Zwiebel hineingeben und etwa 5 Minuten unter Rühren braten. Knoblauch, Paprikaschote und Chorizo untermischen und 5 Minuten weiterbraten.

Das Paprikapulver hinzufügen, dann den Safran samt Wasser untermischen. Lorbeerblätter, Thymian, Tomaten und Meersalz nach Geschmack unterrühren und mehrere Minuten garen.

Bier und Hühnerfond dazugießen, pfeffern und zum Kochen bringen. Den Essig dazugeben und verrühren, damit die Aromen verschmelzen. Die Linsen untermischen und den Topfinhalt wieder zum Kochen bringen. Bei schwacher Hitze den Linseneintopf im geschlossenen Topf 1 Stunde köcheln lassen.

Champignons und Zucchini hinzufügen. Alles zugedeckt weitere 45–60 Minuten köcheln lassen, bis die Linsen weich sind, aber noch Biss haben. Sollte zu viel Flüssigkeit vorhanden sein, den Deckel abnehmen und den Topfinhalt bei hoher Temperatur einkochen lassen.

Das Gericht mit einem Glas des Biers, mit dem es zubereitet wurde, servieren.

FÜR 4 PERSONEN

BIERTIPP
Auch das portugiesische Bier Superbock können Sie für dieses Gericht gut verwenden.

Muscheln mit Fenchel und Lauch

1 kg große Miesmuscheln
25 g Butter
2 EL Olivenöl
1 Stange Lauch, hauptsächlich der weiße Teil,
    in Scheiben geschnitten

1 Fenchelknolle, in dünne Scheiben geschnitten
125 ml dunkles Weizenbier
    (z. B. Franziskaner Weißbier Dunkel)
1 Dose Tomatenstücke (400 g)
2 EL gehackter frischer Dill

Die Muscheln unter fließendem Wasser bürsten und dabei die Bärte entfernen. Beiseitestellen.

Butter und Olivenöl in einem großen Topf bei mittlerer Temperatur erhitzen. Wenn die Butter geschmolzen ist, Lauch und Fenchel dazugeben. Etwa 5 Minuten sanft garen, bis das Gemüse glasig ist. Aus dem Topf heben.

Das Bier und dann die Muscheln in den Topf geben. Den Deckel auflegen und den Topfinhalt zum Kochen bringen. Die Muscheln 3–5 Minuten dünsten, zwischendurch den Topf ein- oder zweimal rütteln. Wenn sich die Muscheln geöffnet haben, den Topf von der Kochstelle nehmen und die Muscheln in ein Sieb gießen, dabei die Garflüssigkeit auffangen. Noch geschlossene Muscheln wegwerfen.

Die Garflüssigkeit durch ein feines Sieb in eine große Schüssel gießen, um Sand und Schalenstücke zu entfernen. Die Flüssigkeit wieder in den Topf gießen und zum Kochen bringen. Tomaten, Dill und die Lauch-Fenchel-Mischung dazugeben. Einige Minuten köcheln lassen, damit die Aromen verschmelzen. Sehr frische Muscheln können mit Meerwasser gefüllt sein, das dieses Gericht recht salzig machen kann. Daher erst probieren, ehe weiteres Salz hinzugefügt wird. Die Muscheln wieder in den Topf geben und erhitzen.

Das Gericht in großen Schalen servieren. Dazu knuspriges Brot zum Auftunken des fantastischen Garsuds reichen.

FÜR 2 PERSONEN

BIERTIPP
Wenn Sie Muscheln lieben, haben Sie diese bisher sicherlich immer in einem trockenen Weißwein gedünstet. Ich habe stattdessen ein dunkles Weißbier verwendet. Neben Franziskaner können Sie auch prima Paulaner oder Erdinger Weißbier Dunkel verwenden.

Dunkelbier-Cassoulet mit Bratwurst

350 g getrocknete weiße Bohnen
80 ml Olivenöl
1 Zwiebel, geschält und gehackt
100 g durchwachsener Speck am Stück, gewürfelt
3 Knoblauchzehen, geschält und gehackt
2 Möhren, geschält und gehackt
2 Stangen Staudensellerie, gehackt

660 ml dunkles Bier (z. B. König Ludwig Dunkel oder Hofbräu Dunkel)
500 ml guter Hühnerfond
3 frische Rosmarinzweige
4 dicke Salsicce (italienische Schweinswürste)
Meersalz
2 EL gehackte glatte Petersilie

Die getrockneten Bohnen über Nacht in einer großen Schüssel mit kaltem Wasser einweichen. Abtropfen lassen und beiseitestellen.

Die Hälfte des Olivenöls in einem großen Topf erhitzen. Die Zwiebel dazugeben und bei mittlerer Hitze unter Rühren anschwitzen, bis sie glasig ist. Den Speck hinzufügen. Einige Minuten rühren, dann Knoblauch, Möhren und Staudensellerie dazugeben. Etwa 5 Minuten braten, anschließend die abgetropften Bohnen untermischen. Gleiche Teile Bier und Hühnerfond dazugießen, um die Zutaten zu bedecken. Den Rosmarin hinzufügen. Das Ganze unter gelegentlichem Rühren 1½ Stunden köcheln lassen, bis die Bohnen fast weich sind. Gegebenenfalls noch Bier und Fond dazugeben, sollte die Mischung zu trocken werden.

Das restliche Öl in einer Pfanne bei mittlerer Temperatur erhitzen. Die Würste rundum schön bräunen, dann von der Kochstelle nehmen. Sie sollen nicht durchgegart, sondern lediglich außen gebräunt werden.

Die Würste zur Bohnenmischung geben und hineindrücken, damit sie mit Flüssigkeit bedeckt sind. Den Topfinhalt weitere 30 Minuten köcheln lassen, bis die Würste und Bohnen gar sind. Erst am Ende der Garzeit mit Salz abschmecken – wird es früher zugegeben, werden die Bohnen zäh. Etwas Petersilie untermischen.

Auf zwei Tellern jeweils zwei Würste anrichten und das Cassoulet darüberschöpfen. Mit der restlichen Petersilie garnieren und servieren.

FÜR 2 PERSONEN

Dies ist ein einfacher Risotto, den Sie sicher immer wieder zubereiten werden. Versuchen Sie, jedes Mal ein anderes Bier zu verwenden, um festzustellen, wie sich dies auf den Geschmack des Gerichts auswirkt.

Tomaten-Rucola-Risotto mit Weißbier

2 l guter Hühnerfond
1 EL Olivenöl
2 EL Butter
1 Zwiebel, geschält und fein gehackt
300 g Arborioreis
330 ml Hefeweizen (z. B. Schneider Weißbier)

1 große Handvoll Rucola
2 große Tomaten, Stielansatz entfernt,
    in jeweils 8 Spalten geschnitten
25 g Parmesan, gerieben
Meersalz und frisch gemahlener schwarzer Pfeffer

Den Hühnerfond in einen Topf gießen und bei starker Hitze zum Kochen bringen. Die Temperatur so weit herunterschalten, dass er noch köchelt.

Olivenöl und die Hälfte der Butter in einem hohen Topf bei mittlerer Temperatur erhitzen. Die Zwiebel hinzufügen und sanft anschwitzen, bis sie glasig ist. Den Reis dazugeben und sorgfältig unterrühren, damit er gut mit Butter und Öl überzogen ist.

Das Bier hinzufügen und rühren, während der Reis die Flüssigkeit aufnimmt. Wenn der Reis wieder trocken wird, eine Kelle köchelnden Fond unterrühren. Wenn diese aufgenommen ist, wieder eine Kelle dazugeben. Während der nächsten 20–30 Minuten auf diese Weise fortfahren. Wird der Fond zu rasch aufgenommen, die Hitze reduzieren. Wird er zu langsam aufgenommen, die Temperatur erhöhen. Dabei kann man sich herrlich entspannen und ein Bier trinken!

Wenn noch etwa eine Kelle des Fonds vorhanden oder der Reis fast gar ist, Rucola und Tomaten hinzufügen. (Nicht zu früh dazugeben, denn sie sollen nicht gedämpft werden – auf diese Weise bewahren die Tomatenspalten ihre Form.) Untermischen, die letzte Kelle Fond dazugeben und behutsam rühren, bis der Reis den Fond fast vollständig aufgenommen und den gewünschten Garpunkt erreicht hat. Er sollte al dente sein, also weich sein, aber noch etwas Biss haben.

Den Herd ausschalten. Parmesan und restliche Butter hinzufügen und unterrühren, bis alle Zutaten gut vermischt sind und der Reis eine seidige Konsistenz hat. Das Gericht salzen und pfeffern, aber wirklich erst zum Schluss, da der Parmesan auch etwas salzig ist. Das Gericht in tiefen Tellern servieren!

FÜR 4 PERSONEN

BIERTIPP
Weizenbiere gibt es hierzulande wahrlich viele. Fast jede Brauerei bietet inzwischen ihr eigenes an. Die großen und bekannten Weizenbiere sind Schöfferhofer, Franziskaner und Erdinger Hefeweizen, die Sie als Erstes für dieses Gericht ausprobieren sollten.

Im Backofen

Ich vermute, der Erfinder des Biers hat auch den Backofen erfunden, denn beide passen einfach gut zusammen, vor allem in den kälteren Monaten. Aber glauben Sie nicht, dass bei dieser Paarung nur deftige, schwere Gerichte entstehen, denn das ist nicht der Fall! Vielmehr sind sie fein und voller Aroma, nicht zuletzt dank der Zugabe verschiedener Arten von Bier. Sie können auch leicht und würzig sein und sogar überraschend vielfältig, da man beim Kochen mit Bier oft unkonventionell denken, Neues ausprobieren und Altes verändern muss. Der Backofen ist dafür ideal, denn er macht das Garen einfach und sicher, vor allem bei Eintopfgerichten. Man gibt Fleisch, Gemüse, Kräuter und das passende Bier in einen Topf, legt den Deckel auf, schiebt das Ganze für ein paar Stunden in den Ofen und schon ist eine köstliche Mahlzeit fertig. Sie müssen lediglich daran denken, zuerst den Backofen vorzuheizen!

Ossobuco mit Bockbier

75 g Mehl
Meersalz und frisch gemahlener schwarzer Pfeffer
1 TL gemahlener Kardamom
4 Scheiben Kalbshachse
80 ml Olivenöl
1 große Möhre, geschält und gewürfelt
3 Stangen Staudensellerie, gewürfelt
1 EL Kapern
2 frische Rosmarinzweige
330 ml Bockbier (z. B. Einbecker Urbock) oder
dunkles Bier (z. B. Maxlrainer Schwarzbier)

250 ml guter Rinder- oder Kalbsfond
2 kleine Zwiebeln, geschält
6 kleine, festkochende Kartoffeln, geschält
400 g Butternusskürbis, geschält und nach
Entfernen der Samen in große Würfel
geschnitten
4 Egerlinge, geviertelt
40 g grüne Bohnen, geputzt
gehackte glatte Petersilie zum Garnieren

Den Backofen auf 170 °C vorheizen. Mehl, ½ TL Salz, ¼ TL Pfeffer und 1 TL Karda-mom in einen Gefrierbeutel geben. Die Fleischscheiben hinzufügen, den Beutel ver-schließen und kräftig schütteln, um das Fleisch rundum mit der Mehlmischung zu überziehen.

In einer ofenfesten Kasserolle 3 EL Olivenöl bei mittlerer Temperatur erhitzen. Die Fleischscheiben in zwei Portionen anbraten und dann auf einen Teller heben und beiseitestellen.

Die Kasserolle etwas abkühlen lassen und spülen, damit das Gericht nicht den Geschmack des verbrannten Mehls bekommt. Das restliche Olivenöl in der Kasse-rolle erhitzen. Möhre und Sellerie darin etwa 5 Minuten braten. Kapern und Rosma-rin hinzufügen und 2 Minuten mitgaren. Die Fleischscheiben darauflegen, dann Bier und Fond dazugießen. Alles zum Kochen bringen und zugedeckt für 1 Stunde in den Backofen schieben.

Zwiebeln, Kartoffeln, Kürbis und Egerlinge in die Kasserolle geben und untermi-schen, damit sie mit Garflüssigkeit bedeckt sind. Den Deckel wieder auflegen und alles weitere 45–60 Minuten schmoren – je länger und langsamer, desto besser. Wenn das Fleisch weich ist, die Bohnen hinzufügen und 8–10 Minuten mitgaren.

Fleisch und Gemüse mit einem Schaumlöffel aus dem Topf in eine große Schüs-sel heben und warm stellen. Die Kasserolle auf den Herd setzen und die Garflüssig-keit bei hoher Temperatur einkochen lassen, bis sie eine schöne Saucenkonsistenz hat. Die Sauce nach Geschmack salzen und pfeffern.

Das Gemüse auf Tellern anrichten. Das Fleisch darauflegen und großzügig mit Sauce übergießen. Das Ossobuco mit Petersilie garnieren und servieren.

FÜR 2–4 PERSONEN

Bandnudeln mit Ochsenschwanz und Kaninchen in Altbiersauce

150 g Mehl
Meersalz und frisch gemahlener schwarzer Pfeffer
1 kg Ochsenschwanzstücke
1 Kaninchen, in 6 Teile zerlegt
45 g Butter
3 EL Olivenöl
2 Möhren, geschält und fein gewürfelt
2 Stangen Staudensellerie, fein gewürfelt
100 g durchwachsener Speck,
    in 0,5 x 1 cm große Streifen geschnitten
10 Schalotten, geschält und geviertelt

6 Knoblauchzehen, geschält und grob gehackt
60 g Tomatenstücke, frisch oder aus der Dose
3 getrocknete Lorbeerblätter
½ EL gehackter frischer Thymian
½ EL gehackter frischer Majoran
1 Zimtstange
500 ml Altbier (z. B. Schlüssel Alt)
350 ml guter Rinderfond
400 g Pappardelle (breite Bandnudeln)
250 g frische oder Tiefkühl-Erbsen
fein gehackte glatte Petersilie zum Garnieren

Den Backofen auf 170 °C vorheizen.

Das Mehl in einen sauberen Gefrierbeutel geben und großzügig mit Salz und Pfeffer würzen. Den Beutel schließen und schütteln, um die Zutaten zu vermischen. Ochsenschwanzstücke und Kaninchenteile hineingeben und gut verschließen. Den Beutel kräftig schütteln, um das Fleisch gut mit der Mehlmischung zu überziehen.

Butter und Olivenöl in einer ofenfesten Kasserolle bei hoher Temperatur erhitzen. Ochsenschwanz- und Kaninchenteile hineinlegen und rundum anbraten. Das Fleisch herausnehmen und beiseitestellen.

Auf mittlere Hitze herunterschalten. Möhren und Sellerie hinzufügen und unter Rühren einige Minuten anbraten. Speck, Schalotten und Knoblauch dazugeben und unter häufigem Rühren etwa 8 Minuten braten. Tomaten, Lorbeerblätter, Thymian, Majoran und Zimtstange unterrühren und weitere 5 Minuten braten.

Die Fleischstücke auf die Zutaten im Topf legen und mit Bier und Rinderfond übergießen. Alles zum Kochen bringen, dann von der Kochstelle nehmen.

Aus Backpapier ein Stück ausschneiden, das genau in die Kasserolle passt und den Topfinhalt vollständig bedeckt. Eine Seite des Papiers mit Butter oder Olivenöl bestreichen und mit dieser Seite auf die Zutaten legen und behutsam andrücken. Den Topf schließen und für 1 Stunde in den Backofen schieben. Dann das Fleisch wenden, das Backpapier wieder auflegen und alles noch einmal 1½–2 Stunden schmoren. Das Gericht ist fertig, wenn das Ochsenschwanzfleisch vom Knochen fällt. Beim Kaninchen ist dies nicht der Fall, aber man sollte es mit einer Gabel auseinanderziehen können.

Das Fleisch aus der Kasserolle in eine Schüssel heben. Wenn es genügend abgekühlt ist, von den Knochen lösen und in Stücke teilen. Das Fett des Ochsenschwanzes entfernen. Das Fleisch wieder in die Schüssel mit dem Fleischsaft geben.

Einen großen Topf mit Wasser zum Kochen bringen, Salz zugeben und die Nudeln nach Packungsanweisung bissfest garen.

In der Zwischenzeit den Inhalt der Kasserolle bei mittlerer Temperatur erhitzen, bis er köchelt. Die Zimtstange entfernen. Die Erbsen zugeben und mitköcheln lassen, bis die Garflüssigkeit die Konsistenz einer dicklichen Nudelsauce hat. Sollte das Gericht zu trocken aus dem Ofen kommen, etwas Rinderfond hinzufügen – dabei aber daran denken, dass das Fleisch die Sauce noch etwas dicker machen wird. Mit Salz und Pfeffer abschmecken. Das Fleisch zugeben und die Sauce bei niedriger Temperatur warm halten.

Die fertigen Nudeln dann mit einer Küchenzange direkt in die Sauce heben – anhaftendes Wasser verdünnt die Sauce noch ein wenig. Das Gericht gut mischen. Auf sechs Teller verteilen, mit Petersilie garnieren und servieren.

FÜR 6 PERSONEN

BIERTIPP

Sie können das Ochsenschwanzfleisch und das Kaninchen für diese aromatische Fleischsauce sowohl in Altbier als auch in einem Weizenbier schmoren. Am besten probieren Sie beides aus – jede Variante hat ihre eigene Note und gibt dem Gericht einen anderen Geschmack.

Als Weizenbier empfehle ich Ihnen Licher Hefeweizen oder Lammsbräu Weißbier. Beim Altbier könnten Sie neben dem erwähnten Schlüssel Alt auch ein Pinkus Alt verwenden.

Lamm-Dunkelbier-Curry

2 EL Erdnussöl

1 rote Zwiebel, geschält und in Scheiben geschnitten

2,5 cm Ingwerwurzel, geschält und gehackt

3 Knoblauchzehen, geschält und fein gehackt

1 TL gehackte frische Kurkuma (Asienladen) oder 1 EL gemahlene Kurkuma

1 rote Chilischote, in schmale Ringe geschnitten

1 TL Kardamomsamen

1 TL gemahlenes Zitronengras

2 EL rote Currypaste

700 g Lammkeule ohne Knochen, in 4 cm große Stücke geschnitten

125 g Naturjoghurt

330 ml dunkles Bier (z. B. Reutberger Export Dunkel)

3 festkochende Kartoffeln, geschält und in jeweils 6 Stücke geschnitten

1 große Handvoll Koriandergrün, gehackt

40 g Zuckerschoten, geputzt

40 g grüne Bohnen, geputzt

Den Backofen auf 170 °C vorheizen.

Das Öl in einer ofenfesten Kasserolle bei mittlerer Temperatur erhitzen. Die Zwiebel hinzufügen und unter häufigem Rühren braten, bis sie leicht gebräunt ist. Ingwer, Knoblauch, Kurkuma und Chilischote dazugeben und unter Rühren 5 Minuten mitbraten.

Kardamom und Zitronengras unterrühren und einige Minuten weiterbraten. Dann die Currypaste hineingeben und ebenfalls braten, bis sie aromatisch duftet. Das Lammfleisch dazugeben und sorgfältig durchrühren, damit alle Stücke gut mit der Paste überzogen sind. Dann den Joghurt Löffel für Löffel untermischen, alles zum Kochen bringen und schließlich das Bier zufügen und gut unterrühren.

Wenn der Topfinhalt wieder köchelt, den Deckel schließen und die Kasserolle für 45 Minuten in den Backofen schieben. Dann die Kartoffeln und 2 EL Koriandergrün untermischen. Den Deckel wieder auflegen und alles weitere 30–40 Minuten schmoren – das Fleisch sollte nun sehr weich sein.

Zuckerschoten und grüne Bohnen dazugeben und zugedeckt noch 5 Minuten garen. Unmittelbar vor dem Servieren das restliche Koriandergrün untermischen.

FÜR 4 PERSONEN

BIERTIPP

Das Lammfleisch schmort hier ganz langsam im Ofen und nimmt die Aromen des Dunkelbieres und der Currygewürze dabei an. Sie können auch ein Andechser, ein Hofbräu oder ein Paulaner Dunkel dafür verwenden.

Saison-Biere belgischen Stils sind leicht, erfrischend, fruchtig und spritzig. Wenn Sie es bekommen können, probieren Sie das großartige Dupont Saison. Sie können dieses Gericht aber auch mit anderen Biersorten zubereiten, zum Beispiel mit einem deutschen Bockbier.

Kasseler in Kokos-Bier-Sauce

200 ml Kokoscreme

200 ml Kokosmilch

250 ml Saisonbier (z. B. Dupont Saison)

1 Stängel Zitronengras, nur der weiße Teil

3 cm Ingwerwurzel, geschält

4 Kaffirlimettenblätter

1 lange rote Chilischote, in schmale Ringe geschnitten

2 TL Fischsauce

1 EL geriebener Palmzucker

600 g rohes Kasseler, in große Stücke geschnitten

60 g Zuckerschoten, geputzt

Den Backofen auf 160 °C vorheizen.

Kokoscreme, Kokosmilch und Bier in einer ofenfesten Kasserolle bei mittlerer Temperatur erhitzen. Das Zitronengras mit einem Nudelholz oder der Seite einer Messerschneide andrücken und in die Kasserolle geben. Auch den Ingwer andrücken und hinzufügen. Limettenblätter, Chilischote, Fischsauce und Palmzucker dazugeben. Die Sauce langsam zum Kochen bringen und abschmecken. Nötigenfalls noch Ingwer, Fischsauce, Chilischote oder Palmzucker ergänzen.

Das Kasseler hinzufügen. Wenn der Topfinhalt wieder köchelt, den Deckel auflegen und die Kasserolle für etwa 2 Stunden in den Backofen schieben. Danach sollte das Fleisch leicht salzig schmecken und sehr weich sein. Die Salzigkeit des Fleischs hängt vom Metzger ab, denn manche salzen es stärker als andere. Wenn Sie einen Metzger gefunden haben, bei dem es Ihren Vorstellungen entspricht, bleiben Sie ihm treu!

Zuckerschoten zum Schluss dazugeben und etwa 3 Minuten mitgaren, bis sie weich sind. Das Gericht mit reichlich Sauce in Schalen mit Reis servieren. Dazu ein gutes Glas Saisonbier reichen.

FÜR 3–4 PERSONEN

Scharfe Zickleinschulter mit Bockbier

Mehl zum Wenden
Meersalz und frisch gemahlener schwarzer Pfeffer
1 Zickleinschulter (1,2–1,5 kg)
    am Gelenk in der Mitte geteilt
1 EL Olivenöl
250 ml Milch
250 ml Bockbier (z. B. Schaumburger Privatbock)
1½ EL Honig

CHILIPASTE

1 Knoblauchknolle
1–2 EL Olivenöl
Meersalz
10–12 getrocknete Chilischoten

1 TL fein gehackter frischer Thymian
1 TL fein gehackter frischer Majoran
½ TL gemahlener Kreuzkümmel
¼ TL frisch gemahlener weißer Pfeffer
½ TL Meersalz

SALSA

1 rote Zwiebel, geschält und fein gewürfelt
2 Tomaten, gehäutet und nach Entfernen der
    Samen gewürfelt
1 Avocado, geschält und gewürfelt
1–2 EL fein gehacktes Koriandergrün
Saft von ½ Limette
Meersalz

Den Backofen auf 200 °C vorheizen. Zur Herstellung der Chilipaste die ganze Knoblauchknolle auf ein doppelt gelegtes Stück Alufolie setzen. Die Knolle mit dem Olivenöl beträufeln, mit Meersalz bestreuen und einwickeln. Für 20–30 Minuten in den Backofen legen, bis der Knoblauch weich ist. Herausnehmen und abkühlen lassen.

Das obere Ende der Chilischoten abschneiden, um die Stiele zu entfernen. Alle Samen herausschütteln. Jede Schote, je nach Größe, in 3 oder 4 Stücke schneiden.

Eine Pfanne bei mittlerer Temperatur erhitzen und die Hälfte der Chilischotenstücke nebeneinander hineinlegen. Eine zweite Pfanne oder einen schweren Topf daraufsetzen, damit die Haut der Chilischoten Kontakt mit dem heißen Pfannenboden hat. Die Chilischoten einige Minuten rösten, bis sie aromatisch duften und leicht zu rauchen beginnen – sie dürfen aber nicht verbrennen! Obere Pfanne oder Topf entfernen. Die Chilischoten umdrehen, wieder beschweren und auf der anderen Seite rösten. In eine große Schüssel heben. Mit den restlichen Chilischoten ebenso verfahren. 250 ml kochendes Wasser über die Chilischoten gießen, sodass sie bedeckt sind. Eine Schüssel daraufsetzen, um sie unter Wasser zu drücken, und 30 Minuten einweichen

Die Chilischoten abtropfen lassen, das Einweichwasser aufbewahren. Die Schoten mit etwa 125 ml Einweichwasser in einen Mixer geben (oder in ein hohes Gefäß, wenn Sie einen Pürierstab haben). Die Knoblauchzehen aus ihrer Schale drücken und mit Thymian, Majoran, Kreuzkümmel, weißem Pfeffer und Salz dazugeben. Die Zutaten zu einer groben Sauce zerkleinern, zwischendurch die Maschine ein- oder zweimal ausschalten und die Gefäßwände abstreichen. Falls die Sauce zu dick ist, noch etwas Einweichwasser hinzufügen – sie sollte etwa die Konsistenz von dünnem Haferbrei haben. Die Sauce durch ein Sieb streichen. Die Paste auffangen und die Rückstände wegwerfen.

Den Backofen auf 160 °C vorheizen. Das Mehl in einen sauberen Gefrierbeutel geben und mit Salz und Pfeffer würzen. Die Zickleinstücke hineinlegen, den Beutel schließen und dann schütteln. Das Fleisch herausnehmen und überschüssiges Mehl abklopfen.

Das Olivenöl in einer großen ofenfesten Kasserolle bei mittlerer Temperatur erhitzen. Das Fleisch darin rundum anbraten. Auf mittlere Hitze herunterschalten. Die Chilipaste in den Topf rühren und mehrere Minuten braten. Dabei das Fleisch drehen, um es mit der Paste zu überziehen. (Wer will, kann die Zickleinschulter nun über Nacht marinieren.) Milch und Bier dazugießen und unterrühren. Das Ganze wieder sanft zum Kochen bringen. Den Honig hinzufügen und 1–2 Minuten weiterrühren.

Einen fest sitzenden Deckel auflegen und die Kasserolle für 2–2½ Stunden in den Backofen schieben. Nach 1 Stunde das Fleisch wenden, 20 Minuten vor Ende der Garzeit den Deckel abnehmen. Das Fleisch wird sehr zart sein und beinahe vom Knochen fallen.

Kurz vor dem Servieren die Zutaten für die Salsa mit 1 Prise Salz vermischen.

Um die Zickleinschulter auf mexikanische Art zu servieren, das Fleisch vom Knochen lösen, mit zwei Gabeln zerteilen und auf einem Teller anrichten. Mit der Salsa, gerösteten und vom Kolben gelösten Maiskörnern, einer Schale Sauce aus der Kasserolle und einigen lauwarmen Tortillas servieren. Zum Essen ein Stück von einer Tortilla abreißen und etwas Fleisch, Salsa, Mais und Sauce darin einwickeln. Dazu trinken Sie ein Glas des verwendeten Bieres.

FÜR 4 PERSONEN

BIERTIPP
Wenn Sie dieses scharfe Gericht ganz stilecht mexikanisch auf den Tisch bringen wollen, verwenden Sie entweder Corona oder Bohemia zum Schmoren. Kaufen Sie aber ein paar Flaschen mehr, damit Sie auch stilecht anstoßen können.

Kalbfleisch-Schmortopf mit Geuzenbier

25 g Butter
2 EL Olivenöl, gegebenenfalls etwas mehr
1 große Stange Lauch, nur der weiße Teil, in Scheiben geschnitten
2 Knoblauchzehen, geschält und gehackt
35 g Mehl
Meersalz und frisch gemahlener schwarzer Pfeffer
700 g Kalbfleisch, in 4 cm große Würfel geschnitten
70 g dünne Schinkenspeckscheiben
1 TL gemahlener Kreuzkümmel
1 TL gemahlener Koriander

½ TL gemahlener Kardamom
660 ml Geuzenbier
250 ml guter Hühnerfond
100 g Perlgraupen
2 Möhren, geschält und grob gehackt
Zesten von 1 Bio-Zitrone
3 EL glatte Petersilie

GEBRATENE KRÄUTER

25 g Butter
3 EL gehackte frische Minze
3 EL gehackte glatte Petersilie

BIERTIPP

Geuzenbier ist eine Bierspezialität aus Belgien, die auf das frühe 16. Jahrhundert zurückgeht. Es wird aus Lambic-Bier verschiedener Jahrgänge hergestellt und schmeckt süßsauer, recht herb und ist spritzig. Das Bier enthält sehr viel Kohlensäure und lagert etwa zwei Jahre in Flaschen, die (wie Champagner) mit einem Korken verschlossen werden, in Rüttelregalen.

Den Backofen auf 170 °C vorheizen.

Butter und Olivenöl in einer großen ofenfesten Kasserolle bei mittlerer Temperatur erhitzen, bis die Butter schäumt. Den Lauch hinzufügen und 5 Minuten braten. Den Knoblauch dazugeben und 3 Minuten mitbraten. Die Mischung aus dem Topf nehmen und warm stellen.

Das Mehl großzügig mit Salz und Pfeffer würzen. Das Fleisch sorgfältig darin wenden und das überschüssige Mehl abschütteln. Falls nötig, noch etwas Olivenöl in den Topf geben und auf hohe Temperatur erhitzen. Das Fleisch rundum anbraten, am besten in zwei Portionen. Den Schinkenspeck hinzufügen und 4–5 Minuten braten. Lauch und Knoblauch wieder in den Topf geben. Kreuzkümmel, Koriander und Kardamom sorgfältig unterrühren und einige Minuten mitbraten.

Den Bratensatz mit der Hälfte des Biers ablöschen und mit einem Holzlöffel lösen. Restliches Bier und den Fond hinzufügen und unter Rühren zum Kochen bringen. Die Hitze so weit reduzieren, dass der Topfinhalt nur noch köchelt. Die Perlgraupen dazugeben und rühren, bis die Zutaten wieder köcheln. Den Deckel auflegen und die Kasserolle für 1 Stunde in den Backofen schieben.

Kurz vor Ende der Garzeit in einer kleinen Pfanne die Butter erhitzen. Die gehackten Kräuter bei mittlerer Hitze unter häufigem Rühren 7 Minuten braten.

Die Kräuter mit der Möhren in die Kasserolle geben und unterrühren. Das Gericht mit Salz und Pfeffer abschmecken. Zugedeckt noch einmal für 30–40 Minuten in den Backofen schieben, bis das Fleisch sehr weich ist.

Zitronenzesten und Petersilie sehr fein hacken und über das Gericht streuen, dann servieren.

FÜR 4 PERSONEN

Okay, dies ist ein sehr einfaches Gericht und wie alle einfachen Gerichte muss es mit hochwertigen Produkten zubereitet werden. Das gilt hier in erster Linie für die Bratwürste. Ich liebe scharfe italienische Salsicce, aber auch alle anderen Arten guter Bratwürste! Auch Grillbratwürste, die zu einer Schnecke aufgerollt sind, eignen sich prima für dieses Gericht. Die würzigen Aromen der Würste, die Süße der Zwiebeln und der herrlich malzige Charakter des Dunkelbiers ergänzen sich vortrefflich. Kombiniert man dies mit der Süße und leicht knackigen Konsistenz von Erbsen und Möhren, entsteht ein überraschend herzhaftes Gericht!

In Bier gegarte Bratwürste mit Erbsen und Möhren

3 EL Olivenöl
2 Schweinsbratwürste
2 scharfe italienische Würste (Salsicce)
3 Zwiebeln, geschält und in Scheiben geschnitten

1 l Dunkelbier (z. B. Hofbräu Dunkel)
250 g Tiefkühl-Erbsen
1 große Möhre, geschält und gewürfelt
Meersalz

Den Backofen auf 160 °C vorheizen.

2 Esslöffel Olivenöl in einer großen ofenfesten Kasserolle bei mittlerer Temperatur erhitzen. Die Würste hinzufügen und rundum anbraten. Aus dem Topf nehmen und beiseitestellen.

Das restliche Öl in der Kasserolle erhitzen. Die Zwiebeln zufügen und unter Rühren einige Minuten anschwitzen. Die Hitze reduzieren und die Zwiebeln noch einmal etwa 10 Minuten braten, bis sie gebräunt sind.

Die Würste wieder in den Topf geben und so viel Bier hinzufügen, dass sie bedeckt sind – sollten Sie nicht das gesamte Bier benötigen, trinken Sie den Rest. Den Deckel auflegen und die Kasserolle für 2 Stunden in den Backofen schieben.

Kurz vor Ende der Garzeit Erbsen und Möhren entweder im Mikrowellengerät oder in leicht kochendem Salzwasser zusammen bissfest garen. Abtropfen lassen und auf zwei Teller verteilen.

Von jeder Bratwurstsorte eine auf die Teller setzen und den Garsud darüberschöpfen. Guten Appetit!

Am besten schmeckt dazu ein cremiges Kartoffelpüree.

FÜR 2 PERSONEN

BIERTIPP
Wenn Sie die Würste ganz im italienischen Stil schmoren wollen, nehmen Sie ein Peroni Nastro Azzurro. Wer lieber deutsches Pils nimmt, greift zu Rothaus Tannenzäpfle oder Warsteiner.

Wenn Sie beim Fischhändler einen Oktopus kaufen, ist dieser meist küchenfertig vorbereitet, sodass Sie ihn lediglich waschen müssen, um Sand aus den Saugnäpfen zu entfernen. Sie können beim Oktopus auf die gleiche Weise eine Garprobe machen wie bei Salzkartoffeln: Stechen Sie einfach mit einem Messer in die dickste Stelle. Spüren Sie keinen Widerstand mehr, ist der Oktopus gar.

Langsam geschmorter Oktopus

½ Fenchelknolle, geputzt und in Scheiben geschnitten
½ rote Zwiebel, geschält und in Scheiben geschnitten
1 Chorizo, in Scheiben geschnitten
1 großer Oktopusarm (etwa 350 g)
3 EL Olivenöl

500 ml dunkles Weizenbier
(z. B. Weihenstephaner Weizen Dunkel, Erdinger Weißbier Dunkel oder König Ludwig Weißbier Dunkel)
frisch gemahlener schwarzer Pfeffer
3 große frische Rosmarinzweige
8 Kirschtomaten
gehackte glatte Petersilie zum Garnieren

Fenchel, Zwiebel und Chorizo in eine ofenfeste Form geben. Den Oktopusarm darauflegen und mit dem Olivenöl beträufeln. Dann das Bier dazugießen. Den Oktopus großzügig mit Pfeffer würzen und den Rosmarin hinzufügen. Den Oktopus nicht salzen, da er bereits salzig ist, und zusätzliches Salz ihn beim Garen zäh machen kann. Die Zutaten mit den Händen sorgfältig mischen. Mit einem scharfen Messer die Kirschtomaten unten kreuzförmig einritzen und in der Form verteilen. Die Form mit Alufolie abdecken und den Oktopus zum Marinieren für einige Stunden oder über Nacht in den Kühlschrank stellen.

Etwa eine Stunde vor der Zubereitung die Form aus dem Kühlschrank nehmen und Zimmertemperatur annehmen lassen. Den Backofen auf 170 °C vorheizen. Ein Loch in die Alufolie stechen, damit Dampf entweichen kann. Den Oktopus in den Backofen schieben und 45–60 Minuten schmoren, bis er weich ist. Den Oktopus in dünne Scheiben schneiden und auf einem Teller anrichten. Fenchel, Zwiebel und Chorizo darauf verteilen und etwas Garsud darübergeben. Mit der Petersilie garnieren und servieren.
Für 2 Personen

Dieses Gericht habe ich schon oft zubereitet, da es zu meinen Favoriten zählt. Dabei habe ich schon ganz unterschiedliche Biere verwendet. Aber ich finde, dass sich das belgische Duvel am besten eignet. Die Brauerei behauptet, dass seine Herstellung 90 Tage dauert. Wenn man bedenkt, dass ein Pils aus Massenproduktion in etwa sieben Tagen fertig ist, ist klar, dass das Duvel einfach großartig sein muss! Sein hoher Alkoholgehalt harmoniert in diesem Curry gut mit der Süße des Fleischs und sein malziger Charakter passt gut zur Schärfe der Currypaste. Sein Hopfengeschmack nimmt der Kokoscreme die Schwere.

Curry mit Schweinefleisch und Kürbis

3 EL Erdnussöl

1 rote Zwiebel, geschält, halbiert und in Scheiben geschnitten

½ rote Paprikaschote, Stielansatz, Samen und Scheidewände entfernt, in Streifen geschnitten

3 EL thailändische rote Currypaste

700 g Schweinenacken, in 4–5 cm große Würfel geschnitten

1 EL Tamarindenmark, in 60 ml kochendem Wasser eingeweicht

270 ml Kokoscreme

330 ml Duvel

4 Kaffirlimettenblätter

500 g Kürbis (z. B. Muskat-, Hokkaido- oder Butternusskürbis), geschält, Kerne entfernt und in 3 cm große Stücke geschnitten

3 festkochende Kartoffeln, geschält und in jeweils 8 Stücke geschnitten

8 Mini-Pattison-Kürbisse, halbiert

2 Zucchini, in Scheiben geschnitten

1 Handvoll Koriandergrün, gehackt

1 rote Chilischote, in Ringe geschnitten

Den Backofen auf 180 °C vorheizen.

Das Öl in einer großen ofenfesten Kasserolle bei mittlerer Temperatur erhitzen. Zwiebel und Paprikaschote darin anbraten, bis sie Farbe annehmen. Die Currypaste dazugeben und einige Minuten rühren, bis sie aromatisch duftet.

Das Fleisch untermischen und bei hoher Temperatur unter ständigem Rühren einige Minuten braten. Abgeseihtes Tamarindenwasser unterrühren, dann Kokoscreme und Bier untermischen. Das Ganze zum Kochen bringen. Limettenblätter, Kürbis und Kartoffeln zufügen. Sorgfältig umrühren und alles wieder zum Kochen bringen. Den Deckel auflegen und die Kasserolle für 1½ Stunden in den Backofen schieben. Das Curry zwischendurch ein- oder zweimal umrühren.

Pattison-Kürbisse und Zucchini dazugeben. Das Curry noch etwa 45 Minuten garen, je nachdem, wie weich die Gemüse werden sollen. Der Kürbis zerfällt beim Garen, deshalb am Schluss gut umrühren, um eine sämige Sauce zu bekommen!

Etwas Koriander untermischen. Das Curry in großen Schalen mit Reis, dem restlichen Koriander und den Chiliringen servieren.

FÜR 4 PERSONEN

Kaninchen mit Backpflaumen

25 g Butter

2–3 EL Olivenöl

1 Stange Lauch, nur der weiße Teil, in dicke Scheiben geschnitten

3 Möhren, geschält und in dicke Scheiben geschnitten

1 Kaninchen, in 6 Teile zerlegt

Meersalz und frisch gemahlener schwarzer Pfeffer

2 EL Mehl

250 ml Coopers Best Extra Stout

3 getrocknete Lorbeerblätter

5 frische Salbeiblätter

1 EL gehackter frischer Rosmarin

225 g entsteinte Backpflaumen

KNOBLAUCHPÜREE

3 mehligkochende Kartoffeln, geschält und gehackt

2–3 Knoblauchzehen, geschält und zerdrückt

50 g Butter

etwas Milch

Meersalz und frisch gemahlener schwarzer Pfeffer

BIERTIPP

Ich liebe das Coopers Best Extra Stout in diesem Gericht. Sein kräftiger Röstmalzcharakter passt gut zu zartem Kaninchen, seine Bitterkeit wird durch die Backpflaumen gemildert. Ein anderes geeignetes Stout ist natürlich Guinness, aber probieren Sie im eigenen Interesse zuerst einmal Coopers Best Extra Stout.

Den Backofen auf 180 °C vorheizen.

Butter und 2 EL Olivenöl in einer ofenfesten Kasserolle bei mittlerer Temperatur erhitzen, bis die Butter schäumt. Lauch und Möhren hinzufügen und 5 Minuten anschwitzen, bis der Lauch glasig ist. Herausnehmen und beiseitestellen.

Die Kaninchenteile salzen und pfeffern und in der Kasserolle rundum anbraten, dabei nötigenfalls noch etwas Öl hinzufügen. Herausnehmen und warm stellen.

Das Mehl in den Topf geben und unter Rühren 2 Minuten anschwitzen, dabei den Bratensatz lösen. 175 ml Wasser hinzufügen und weiterhin kräftig rühren, bis die Sauce dick wird. Bier und Lorbeerblätter unterrühren und die Sauce zum Kochen bringen. Das Fleisch wieder in den Topf legen. Salbei und Rosmarin zufügen, dann die Lauch-Möhren-Mischung. Den Deckel auflegen und die Kasserolle für 40 Minuten in den Backofen schieben.

Die Backpflaumen untermischen. Das Gericht zugedeckt weitere 40 Minuten schmoren, bis das Fleisch weich ist, aber nicht zu lange, weil es sonst trocken wird.

Kurz vor Ende der Garzeit das Knoblauchpüree herstellen. Dafür die Kartoffeln in einem Topf mit kochendem Salzwasser weich garen. Abtropfen lassen und wieder in den Topf geben. Den Knoblauch mit der Butter in eine hitzebeständige Schüssel geben. In das Mikrowellengerät stellen, bis die Butter geschmolzen ist. Mit etwas Milch zu den Kartoffeln geben. Die Zutaten bei schwacher Hitze zu einem cremigen glatten Püree zerdrücken. Das Püree salzen und pfeffern.

Das Schmorgericht mit Knoblauchpüree, gedämpften grünen Bohnen und einem großen Glas Coopers Stout servieren.

FÜR 4 PERSONEN

Baked Beans mit Bier und Speck

125 g getrocknete Wachtelbohnen
125 g getrocknete Kidneybohnen
125 g getrocknete weiße Bohnen
3 EL Olivenöl
1 Zwiebel, geschält und gehackt
2 Knoblauchzehen, geschält und in dünne
    Scheiben geschnitten
1 Prise gemahlene Gewürznelken
2 TL Senfpulver
¼ TL Chiliflocken

2 TL geräuchertes Paprikapulver
    (Pimentón de la Vera)
100 g brauner Zucker
1 Dose Tomatenstücke (400 g)
1 TL Worcestersauce
3 EL Ahornsirup
330 ml Leffe Radieuse
400 g durchwachsener Speck, in 4 Scheiben mit
    etwa 1,5 cm Dicke geschnitten
Meersalz und frisch gemahlener schwarzer Pfeffer

Die getrockneten Bohnen in eine Schüssel geben und mit reichlich kaltem Wasser bedecken. Über Nacht quellen lassen. Unmittelbar vor Verwendung abtropfen lassen.

Den Backofen auf 160 °C vorheizen.

Das Olivenöl in einer ofenfesten Kasserolle bei mittlerer Temperatur erhitzen. Die Zwiebel hineingeben und unter Rühren etwa 5 Minuten anschwitzen, bis sie glasig ist. Den Knoblauch hinzufügen und mehrere Minuten rühren. Gemahlene Gewürznelken, Senfpulver, Chiliflocken und Paprikapulver dazugeben und sorgfältig untermischen. Zucker, Tomaten, Worcestersauce, Ahornsirup, 250 ml Bier und 250 ml Wasser unterrühren. Den Topfinhalt zum Kochen bringen, dann Speck und abgetropfte Bohnen untermischen.

Ein Stück Backpapier, das genau in den Topf passt, zurechtschneiden. Das Papier direkt auf die Bohnen drücken. Den Deckel auflegen und die Kasserolle für 3 Stunden in den Backofen schieben, bis die Bohnen weich sind. Nach der halben Garzeit die Flüssigkeit überprüfen: Falls sie vollständig aufgenommen ist, gleiche Mengen Wasser und Bier dazugießen, damit die Bohnen nicht zu trocken werden. Nach weiteren 45–60 Minuten noch einmal nachsehen.

Die Bohnen mit Salz und Pfeffer abschmecken. Zum Servieren auf Tellern anrichten. In die Mitte ein Stück Speck setzen und noch etwas Bohnenmischung darüberschöpfen.

FÜR 4 PERSONEN

BIERTIPP
Leffe Radieuse ist ein köstliches belgisches Kloster-bier mit hohem Alkoholgehalt und roter Farbe. Es harmoniert gut mit Speck und der Süße des Ahornsirups.

Man kann kein Bierkochbuch schreiben, ohne darin ein Rezept für langsam in Bier gegartes Lamm aufzunehmen – hier also ist meines!

Lammhachsen in Guinness

75 g Mehl
½ TL Meersalz
½ TL frisch gemahlener schwarzer Pfeffer
½ TL gemahlener Kardamom
½ TL gemahlener Kreuzkümmel
1 TL Cayennepfeffer
2 fleischige Lammhachsen
3 EL Olivenöl
8 Schalotten, geschält
1 große Möhre, geschält und schräg in
   1 cm dicke Scheiben geschnitten
4 Knoblauchzehen, geschält

2 frische Zitronenthymianzweige
2 getrocknete Lorbeerblätter
12 Kalamata-Oliven oder andere schwarze Oliven
1 Tomate, Stielansatz entfernt, gehäutet und
   gehackt
1 Zeste von 1 Bio-Zitrone
375 ml Guinness
250 ml guter Rinderfond
3 längliche, festkochende Kartoffeln,
   in 2 cm dicke Scheiben geschnitten
70 g grüne Bohnen, geputzt

Den Backofen auf 180 °C vorheizen.

Mehl, Salz, Pfeffer, Kardamom, Kreuzkümmel und Cayennepfeffer in einen Gefrierbeutel geben und gut vermischen. Die Lammhachsen hineinlegen. Den Beutel zudrehen und kräftig schütteln, um die Hachsen mit der Mehlmischung zu überziehen. Die Lammhachsen herausnehmen und behutsam aneinanderklopfen, um überschüssiges Mehl zu entfernen. Das Fleisch beiseitestellen.

Das Olivenöl in einer ofenfesten Kasserolle bei hoher Temperatur erhitzen. Die Lammkeulen darin rundum anbraten. Schalotten, Möhre und Knoblauch dazugeben und einige Minuten braten, bis sie Farbe annehmen. Thymian, Lorbeerblätter, Oliven, Tomate und Zitronenzeste untermischen und etwa 5 Minuten mitbraten.

Bier und Rinderfond unterrühren und alles zum Kochen bringen. Die Kasserolle schließen und für 1 Stunde in den Backofen schieben. Dann die Hachsen wenden und die Kartoffeln hinzufügen. Den Topfinhalt zugedeckt noch einmal 1 Stunde garen.

Den Deckel abnehmen. Die Bohnen dazugeben und 5–10 Minuten bissfest mitgaren. Sollte die Sauce noch keine schöne Konsistenz haben, Fleisch und Gemüse in eine große Schüssel heben und im abgeschalteten Backofen warm stellen. Die Sauce auf dem Herd bei mittlerer Temperatur einkochen lassen, bis sie die gewünschte Konsistenz hat. Lammhachsen und Gemüse wieder hineinlegen und rühren, um sie mit Sauce zu überziehen.

FÜR 2 PERSONEN

BIERTIPP
Andere Biere,
die für dieses
feine Schmorgericht
verwendet
werden können,
sind Coopers Best
Extra Stout oder
das aus Thüringen
stammende
Köstritzer
Schwarzbier.

Fisch mit Weizenbier in Alufolie

1 EL weiche Butter
1 Handvoll junge Spinatblätter
3 Schalotten, geschält und in dünne Scheiben
    geschnitten
1 Stängel Zitronengras, nur der weiße Teil, längs
    halbiert und mit dem Messerrücken zerdrückt
4 Scheiben von 1 Bio-Zitrone
2 Fischfilets (à etwa 200 g) ohne Haut
    (z. B. Seeteufel, Loup de Mer oder Goldbarsch)
½ Möhre, in feine Streifen geschnitten

¼ rote Paprikaschote, in feine Streifen geschnitten
8 grüne Bohnen, geputzt und längs halbiert
4 Kirschtomaten, geviertelt
2 EL gehacktes Koriandergrün
Meersalz und frisch gemahlener schwarzer Pfeffer
12 frische Basilikumblätter
Meersalz und frisch gemahlener schwarzer Pfeffer
Olivenöl zum Beträufeln
1 Flasche Weizenbier (z. B. Paulaner Weißbier)

BIERTIPP

Einen ganzen Fisch oder ein Fisch-filet in Alufolie zu garen, ist wirklich kinderleicht. Ich verwende für dieses Gericht ein Weizen-bier, weil es der Sauce beim Garen eine schöne Milde verleiht. Neben dem herrlichen Paulaner sollten Sie auch einmal Erdinger Weißbier, Tucher Hefeweizen und Kuchlbauer Weißbier probieren. Jede Sorte bringt den Fisch anders zur Geltung und gibt dem Garsud eine andere Note.

Den Backofen auf 190 °C vorheizen.

Zwei etwa 40 cm lange Stücke Alufolie mit der glänzenden Seite nach unten nebeneinander auf die Arbeitsfläche legen. Zwei weitere Stücke abreißen und, ebenfalls mit der glänzenden Seite nach unten, auf die ersten legen. Daraus werden später zwei Päckchen gefaltet.

Auf dem mittleren Teil der Folienstücke mit den Fingern oder dem Pinsel die Butter auf einer Fläche verteilen, die etwa doppelt so groß wie die Fischfilets ist. Die übrigen Zutaten auf die Butter schichten, dabei gleichmäßig auf beide Folienstü-cke verteilen: zuerst den Spinat, dann Schalotten, Zitronengras, Zitronenscheiben, Fisch, Möhre, Paprika, Bohnen, Tomaten, Koriandergrün, Basilikum, ein wenig Salz und Pfeffer, etwas Olivenöl und schließlich etwa 2–3 Esslöffel Bier pro Päckchen.

Nun die beiden langen Seiten der Folie über den Zutaten zusammennehmen und mehrmals umfalten. Dann die kürzeren Seiten mehrmals umfalten, sodass kom-pakte Päckchen entstehen. Die Päckchen sollten eine ähnliche Form wie die Fischfi-lets haben und fest verschlossen sein.

Die Päckchen auf ein Backblech setzen und für etwa 20 Minuten in den Backofen schieben. Nach etwa 15 Minuten den Fisch testen. Dazu ein Päckchen in der Mitte behutsam öffnen und eine Gabel in den Fisch stechen – wenn er sich leicht zerblät-tern lässt, ist er gar. Die Garzeit hängt von der Dicke der Filets ab. Der Fisch darf aber nicht übergart werden, weil er sonst zäh wird.

Jedes Päckchen auf einem Teller servieren. Die Päckchen erst bei Tisch öffnen und das Gericht direkt aus der Folie essen, um Düfte, Fisch und Gemüse – und natür-lich den Garsud – in vollen Zügen genießen zu können!
FÜR 2 PERSONEN

Hackbraten im Speckmantel

7 lange Scheiben Schinkenspeck

300 g Rinderhackfleisch

300 g Kalbshackfleisch

200 g Schweinehackfleisch

1 EL Olivenöl, plus etwas mehr zum Einfetten

1 Zwiebel, geschält und fein gewürfelt

3 Knoblauchzehen, geschält und zerdrückt

2 Bio-Eier

75 g Haferflocken

2 EL Ketchup

1 EL Worcestersauce

1 TL Tabasco (nach Belieben)

1 Möhre, geschält und gerieben

3 Stangen Staudensellerie, gerieben

125 ml dunkles Bier (z. B. Uerige Sticke,
    Guinness oder Köstritzer Schwarzbier)

½ TL gemahlener Kreuzkümmel

1 TL geräuchertes Paprikapulver
    (Pimentón de la Vera)

1 TL gemahlene Fenchelsamen

1 TL Meersalz

½ TL frisch gemahlener schwarzer Pfeffer

½ TL getrocknete italienische Kräuter

Den Backofen auf 180 °C vorheizen.

Eine Mini-Kastenform von 20 cm Länge einfetten (oder nehmen Sie wie ich eine traditionelle Brotbackform). An einem Ende der Form beginnend die Speckstreifen quer nebeneinander so hineinlegen, dass die Enden über den Rand der Form hängen. Zusammenschieben, damit keine Lücken zwischen ihnen entstehen. Mit den letzten beiden Scheiben die Enden der Form bedecken, dabei ein langes Stück über den Rand hängen lassen.

Die restlichen Zutaten in einer großen Schüssel sorgfältig vermischen. 1 EL der Mischung abnehmen und in einer kleinen beschichteten Pfanne in 1 EL Olivenöl braten. Das gebratene Hackfleisch probieren und gegebenenfalls die rohe Hackfleischmischung nachwürzen. Die Masse in die Form füllen und festklopfen. Die Speckscheiben in der gleichen Reihenfolge über die Masse klappen wie sie in die Form gelegt wurden. Die Enden zwischen Hackfleischmasse und Backform stecken. Nun befindet sich ein ordentlich gepacktes Päckchen in der Form!

Die Form für 1 Stunde in den Backofen schieben, dabei etwa alle 20 Minuten überschüssige Flüssigkeit abgießen. Aus dem Backofen nehmen und den Hackbraten vorsichtig auf ein Backblech stürzen. Die Backofentemperatur auf 200 °C heraufschalten und den Hackbraten noch einmal für 20 Minuten in den Backofen schieben. Ein Fleischthermometer in die Mitte des Hackbratens stecken. Wenn es 80 °C anzeigt, ist der Hackbraten gar.

Den Hackbraten in dicke Scheiben schneiden und pro Person zwei Scheiben servieren. Dazu Kartoffelpüree, Rosenkohl und etwas von meiner würzig-scharfen Grillsauce (siehe Seite 149) reichen. Der Hackbraten schmeckt auch noch am nächsten Tag kalt zum Mittagessen großartig!

FÜR 6–8 PERSONEN

Vom Grill

Gibt es etwas Schöneres, als über glühenden Kohlen oder Gasflammen zu kochen? Ich weiß nicht, was uns dazu bringt, andächtig neben dem Grill zu stehen, hypnotisiert von den Flammen, während diese nach oben züngeln und ein perfekt gewürztes Steak liebkosen. Ich liebe die Töne, die der Grill erzeugt, während Würstchen aufplatzen, ein Hähnchen langsam brutzelt oder die Körner von Maiskolben explodieren – natürlich begleitet vom herrlichen Geräusch beim Öffnen Ihres Lieblingsbiers! Ich liebe es, abends Essen auf dem Grill zuzubereiten, während das Feuer Menschen anlockt, die sich schweigend versammeln und beim Anblick dessen, was auf dem Grill liegt, wunschlos glücklich sind. Und dabei ist ein Grill enorm vielseitig. Wenn er einen Deckel hat, kann er sogar auch als Backofen benutzt werden, und ohne Deckel ist er ein super Herd. Und immer wieder verleiht er allem ein wunderbar rauchiges Aroma und eine herrliche Kruste, die nur Flammen oder glühende Kohlen entstehen lassen können.

Ich besitze eine traditionelle Paellapfanne, die genau auf meinen Kugelgrill passt. Wenn ich Paella zubereite, werfe ich Hickory-Holz auf die glühenden Kohlen, das sehr viel Rauch entstehen lässt. Dann schließe ich den Deckel und lasse den Rauch in den Reis sinken, während er langsam gart – einfach großartig! Nach Möglichkeit sollten Sie diese Paella über einem Feuer zubereiten, denn das Ergebnis ist die Mühe wert. Die Paellapfanne ist tatsächlich so geformt, dass der Rauch an ihren Wänden emporkriechen und in das Gericht eindringen kann.

Paella mit Chorizo, Meeresfrüchten und Pils

3 EL Olivenöl

1 EL geräuchertes Paprikapulver (Pimentón de la Vera)

3 Knoblauchzehen, geschält und fein gehackt

3 Wachteln, entbeint und geviertelt – ersatzweise 3 entbeinte Hähnchenschenkel

2 Chorizos, schräg in 5 mm dicke Scheiben geschnitten

8 Chipolatas (kleine dünne Schweinsbratwürste)

1 rote Paprikaschote, Stielansatz, Samen und Scheidewände entfernt, in schmale Streifen geschnitten

1 kleine rote Chilischote, Samen entfernt, in dünne Ringe geschnitten

450 g Rundkornreis (z. B. Arborio oder Calasparra)

1 Dose Tomatenstücke (400 g)

1 Prise Safranfäden, in etwas warmem Wasser eingeweicht

330 ml Pils (z. B. Jever)

1,25 l Hühnerfond

250 g Jakobsmuscheln (nach Belieben mit oder ohne Corail)

10 rohe Garnelen

10 Miesmuscheln

150 g Tiefkühl-Erbsen

150 g grüne Bohnen, geputzt und in jeweils 3 Stücke geschnitten

Den Grill auf hoher Temperatur vorheizen. Die Paellapfanne über die Kohlen oder Flammen setzen und das meiste Olivenöl darin erhitzen. Paprikapulver und die Hälfte des Knoblauchs hineingeben. Wenn der Knoblauch zu brutzeln beginnt, Wachteln, Chorizos und Chipolatas hinzufügen. Gut umrühren und die Zutaten braten, bis sie schön gebräunt sind. Wachteln und Wurst aus der Pfanne nehmen und warm stellen.

Das restliche Öl in die Pfanne geben. Verbliebenen Knoblauch, Paprika und Chilischote hinzufügen und braten, bis die Paprika weich ist. Den Reis unterrühren, dabei darauf achten, dass er gut mit dem Öl überzogen wird. Die Tomaten sorgfältig untermischen. Wenn der Reis die Flüssigkeit der Tomaten aufgenommen hat,

Safran mit Einweichwasser und anschließend das Bier dazugeben. Umrühren, damit die Aromen verschmelzen und der Reis das Bier aufnehmen kann.

Wenn der Reis nach 4–6 Minuten das Bier vollständig aufgenommen hat, 250 ml Hühnerfond unterrühren. Da Paella traditionell nicht umgerührt wird, kann jetzt einfach der gesamte restliche Fond dazugegeben werden. Ich bereite meine Paella aber oft eher wie ein Risotto zu, d. h. ich füge etwas Fond hinzu, rühre um und lasse den Reis den Fond aufnehmen, füge wieder eine Kelle hinzu, rühre um und so weiter. Wie bei jedem Reisgericht sollte auch hier darauf geachtet werden, dass die Paella weder zu schnell noch zu langsam gart. Sind etwa drei Viertel des Fonds verbraucht, Jakobsmuscheln, Garnelen, Miesmuscheln, Erbsen und Bohnen dazugeben, dann eine weitere Kelle Fond. Den Reis umrühren und, wenn er die Flüssigkeit aufgenommen hat, abschmecken.

Wachtelteile, Chorizas und Chipolatas in den Reis drücken. Den restlichen Fond hinzufügen. Die Paella zugedeckt noch etwa 8 Minuten ohne Rühren garen, bis der Reis die gewünschte Konsistenz hat (nicht zu trocken und nicht zu feucht ist). In diesem Stadium hat sich am Boden der Pfanne eine Kruste, der sogenannte Socarrat, gebildet, der in Spanien als der beste Teil der Paella gilt.

Traditionell isst man Paella mit Freunden direkt aus der Pfanne. Zu Paella passt Sangria ausgezeichnet, ich bevorzuge jedoch ein gutes Pils.

FÜR 6 PERSONEN

BIERTIPP
Alle großen Pilssorten können für diese Paella verwendet werden: Jever, Bitburger, Beck's oder Warsteiner Pils passen ebenso wie das italienische Peroni Nastro Azzurro.

Verwenden Sie für dieses Gericht Ihre Lieblingschilisauce, Piripiri oder einfach Tabasco. Ich finde, dass der herrliche zitrusartige, hopfige Charakter eines Pils wunderbar zu dem krossen, karamellisierten Fleisch und der würzigen Marinade passt. Manche Leute ziehen es vor, die Rippchen zunächst in einem Topf mit Salzwasser 20–30 Minuten köcheln zu lassen, wobei ein Teil des Fetts austritt und sie weicher werden. Probieren Sie aus, was Sie lieber mögen.

Spareribs in Chili-Pils-Marinade

60 g brauner Zucker

1 TL gemahlener Oregano

2 TL Knoblauchpulver

2 TL mexikanische Chiliwürzmischung
   (Chiliwürzer)

1 TL Zitronenpfeffer

2 TL geräuchertes Paprikapulver
   (Pimentón de la Vera)

2 TL Senfpulver

1 TL Meersalz

2 EL gutes Olivenöl

2 EL Apfelessig

90 ml Pils (z. B. Tettnanger Kellerpils, Pinkus Pils,
   möglich ist aber auch Kneitinger Bock)

1 TL scharfe Chilisauce

1 kg Schälrippchen (8 Stück)

Alle Zutaten mit Ausnahme des Fleischs in eine Glasschüssel oder einen Krug geben und sorgfältig verrühren. Die Rippchen nebeneinander in eine große ofenfeste Form legen und mit der Marinade übergießen. Die Rippchen drehen und vollständig mit Marinade überziehen. Die Form mit Frischhaltefolie abdecken und für einige Stunden oder über Nacht in den Kühlschrank stellen.

Den Grill auf hoher Temperatur vorheizen. Die Spareribs über direkter Hitze 10 Minuten grillen und bei jedem Drehen mit der in der Form verbliebenen Marinade einpinseln. Auf mittlere Hitze reduzieren und die Rippchen weiterdrehen und einpinseln – abhängig von Grillmodell und Windrichtung sollten sie nach etwa 15 Minuten gar sein.

Pro Person zwei Spareribs servieren, dazu einen grünen Salat oder Krautsalat (siehe Seite 146) und gegrillte Maiskolben reichen.

FÜR 4 PERSONEN

Für dieses Rezept muss der Grill einen Deckel haben, da die Schälrippchen zunächst mit indirekter Hitze langsam gegart werden. Im zweiten Schritt grillt man sie dann in direkter Hitze. Ich bereite diese Spareribs sehr gern auf dem Grill zu, da sie dort, anders als beim langsamen Garen im Backofen, einen herrlich rauchigen Geschmack bekommen. Achten Sie beim Kauf darauf, dass Sie möglichst fleischige Rippchen bekommen, denn nicht selten bestehen Spareribs mehr aus Knochen als aus Fleisch.

Amerikanische Spareribs

3 Frühlingszwiebeln, nur die weißen Teile,
    in dünne Scheiben geschnitten
1 EL Sesamöl
2 Knoblauchzehen, geschält und zerdrückt
1 TL Dijonsenf oder körniger Senf
1 TL Chilipaste
3 EL Hoisinsauce
3 EL Mangochutney – ich verwende nach
    Möglichkeit scharfes Mangochutney

½ TL Meersalz
¼ TL frisch gemahlener schwarzer Pfeffer
125 ml kräftiges amerikanisches Bier
    (z. B. Samuel Adams Black Lager),
    oder ein anderes Dunkelbier
2 Schälrippchen (à 600-700 g)

Alle Zutaten mit Ausnahme der Spareribs in einer Schüssel sorgfältig vermischen. Ich erwärme sie anschließend gern für etwa 30 Sekunden in der Mikrowelle. So vermischen sie sich gut und die Aromen können sich entfalten und verschmelzen.

Die Spareribs jeweils in drei Stücke schneiden und in eine tiefe ofenfeste Form legen. Mit der Marinade übergießen und drehen, damit sie gut mit Marinade überzogen werden. Abdecken und für 1–2 Stunden ruhen lassen.

Den Grill auf etwa 175 °C vorheizen. Die Form mit den Rippchen so auf den Grill stellen, dass die Hitze von den Seiten kommt, aber nicht von unten. Den Deckel schließen und die Rippchen 1½–2 Stunden indirekt garen, dabei alle 30 Minuten drehen und prüfen. Im Auge behalten, da jeder Grill die Hitze anders hält und anders gart. Die Rippchen sind fertig, wenn das Fleisch saftig und weich ist und sich leicht vom Knochen löst.

Die Rippchen aus der Form nehmen und bei mittlerer Temperatur direkt über der Hitzequelle etwa 10 Minuten grillen, dabei drehen und mit Marinade bestreichen. Auf diese Weise entsteht außen eine Kruste, während die Rippchen innen weich bleiben. Vom Grill nehmen, auf einem Teller anrichten und servieren.

Dazu passt ein griechischer Salat.

FÜR 2 PERSONEN

BIERTIPP
Gut geeignet
ist ein Bier mit
Malznote.

Wachteln in würzig-scharfer Grillsauce mit Krautsalat

6 Wachteln
Olivenöl zum Einreiben
Meersalz und frisch gemahlener schwarzer Pfeffer
175 ml würzig-scharfe Grillsauce
   (siehe Seite 149)

KRAUTSALAT
225 g Chinakohl, in sehr feine Streifen
   geschnitten

1 große Möhre, geschält und geraspelt
1 Stange Staudensellerie, in sehr feine Streifen
   geschnitten
180 ml gute Mayonnaise
1 EL Weißweinessig
Saft von ½ kleinen Zitrone
1½ TL Zucker
Meersalz und frisch gemahlener schwarzer Pfeffer
   nach Geschmack

Alle Zutaten für den Salat in eine Schüssel geben und sorgfältig vermischen. Den Salat abgedeckt in den Kühlschrank stellen.

Den Grill auf hoher Temperatur vorheizen.

Die Wachteln unter fließendem kaltem Wasser waschen und mit Küchenpapier trocken tupfen. Eine Wachtel mit der Brustseite nach unten auf ein Brett legen. Mit einer Küchenschere entlang der Wirbelsäule vom Bürzel bis zum Hals aufschneiden. Die Wachtel umdrehen und kräftig mit der Hand daraufdrücken, bis sie auseinanderbricht. Die Wachtel liegt nun flach auf dem Brett. Mit den anderen Wachteln ebenso verfahren.

Die Wachteln mit etwas Olivenöl einreiben, dann auf beiden Seiten salzen und pfeffern. Mit der Hautseite nach unten auf den Grill legen und 3 Minuten grillen. Wenden und noch einmal 3 Minuten grillen. Die Wachteln sollen gut gebräunt, aber noch nicht durchgegart werden.

Die Wachteln auf beiden Seiten dick mit Grillsauce einpinseln. Die Temperatur des Grills auf mittlere Hitze reduzieren und die Wachteln noch einmal 10 Minuten garen. Diesen Arbeitsschritt mag ich am liebsten, denn es gefällt mir, die Wachteln einzupinseln, einen Schluck Bier zu nehmen, sie umzudrehen und einzupinseln, wieder einen Schluck Bier zu nehmen und so weiter – Sie verstehen, was ich meine. So fortfahren, bis die Wachteln gar sind und durch die Sauce eine schöne Farbe bekommen haben und knusprig sind. Insgesamt beträgt die Garzeit vermutlich 15 Minuten. Manche Leute servieren Wachteln rosa – ich mag Wildgeflügel lieber durchgegart, aber auch nicht übergart.

Die Wachteln auf einem Teller anrichten und mit dem Krautsalat servieren.

FÜR 4 PERSONEN

Würzig-scharfe Grillsauce

1 EL Olivenöl
1 Dose Tomatenstücke (400 g)
100 g brauner Zucker (Demerara)
375 ml Altbier (z. B. Pinkus Alt)
60 ml Apfelessig
2 EL Worcestersauce
1 EL Bourbon (z. B. Wild Turkey)
1½ TL Flüssigrauch (Feinkostladen, Grillzubehör)
1 Sternanis
1 Zimtstange

2 TL Knoblauchpulver
2 TL Zwiebelpulver
1 TL Cayennepfeffer
2 TL geräuchertes Paprikapulver
   (Pimentón de la Vera)
1 TL Senfpulver
½ TL gemahlener Ingwer
½ TL Selleriesamen
Meersalz und frisch gemahlener schwarzer Pfeffer

Das Olivenöl in einem Topf bei mittlerer Temperatur erhitzen. Wenn es heiß ist, die Tomaten hinzufügen und unter Rühren einige Minuten braten. Zucker, Bier, Essig, Worcestersauce, Bourbon und Flüssigrauch hinzufügen. Gut umrühren und die Zutaten zum Kochen bringen. Sternanis und Zimtstange dazugeben. Die Hitze reduzieren und den Topfinhalt 10 Minuten köcheln lassen. Die restlichen Gewürze unterrühren und alles weitere 20 Minuten köcheln lassen.

Zimtstange und Sternanis herausnehmen und wegwerfen. Die Sauce im Mixer oder in einem hohen Gefäß mit dem Pürierstab glatt pürieren. Wieder in den Topf geben und noch einmal 10 Minuten köcheln lassen. Salz und Pfeffer nach Geschmack hinzufügen. Die Sauce sollte dick sein, sich aber noch gießen lassen. Gegebenenfalls noch etwas Bier hinzufügen, um sie zu verdünnen.

ERGIBT 375 ML

BIERTIPP
Gut geeignet
für diese
rauchige Sauce
ist hier neben
Pinkus und
Schlösser Alt auch
Coopers Best
Extra Stout.

Das Ayinger Celebrator ist ein untergäriger, dunkler Doppelbock mit 6,7 Vol.-% Alkoholgehalt. Er ist fast schwarz, mit etwas rötlichem Ton und hat einen festen Schaum. Von der Süße ist kaum etwas zu spüren. Das Bier wurde vom Chicago Testing Institute mehrfach in die Reihe der besten Biere der Welt eingereiht – zu Recht und deshalb habe ich damit diese Entenbrustfilets mariniert.

Marinierte Entenbrust

1 Zimtstange
6 Gewürznelken
1 TL gemahlener Ingwer
½ TL Knoblauchpulver
1 Sternanis
¾ TL geräuchertes Paprikapulver
1 TL brauner Zucker
2 Entenbrustfilets mit Haut
500 ml Bockbier (z. B. Ayinger Celebrator, Löwenbräu Triumphator, Kneitinger Bock)
1 EL Olivenöl

ROMANASALAT MIT FENCHEL
1 Bio-Ei
1 Knoblauchzehe, geschält und zerdrückt
3–4 Sardellenfilets
80 ml gutes Olivenöl
25 g Parmesankäse, gerieben
10 Blätter von Romanasalatherzen
1 kleine Fenchelknolle, geraspelt

Gewürze und Zucker in einem Gefäß, in dem die Entenbrustfilets nebeneinander Platz haben, vermischen. Die Haut der Filets in einem Rautenmuster einritzen. Die Filets in der Gewürzmischung drehen und, Hautseite oben, mit dem Bier übergießen. Mit Frischhaltefolie abdecken und über Nacht oder bis zu drei Tage kalt stellen.

Die Grillplatte des Grills bei hoher Temperatur erhitzen und das Olivenöl daraufgießen. Wenn es zu rauchen beginnt, die Entenbrust mit der Hautseite nach unten auf die Grillplatte legen und 5 Minuten garen, dabei darauf achten, dass die Haut nicht verbrennt. Die Filets umdrehen und weitere 2–3 Minuten garen. Auf mittlere Hitze reduzieren und das Fleisch noch etwa 2 Minuten garen, bis es rosa ist, zwischendurch zweimal drehen. An einem warmen Platz einige Minuten ruhen lassen.

In der Zwischenzeit für das Salatdressing Ei, Knoblauch und Sardellenfilets in einem kleinen Mixer oder in einem hohen Gefäß mit dem Pürierstab zerkleinern. Nach und nach Olivenöl hinzufügen, bis die Mischung die Konsistenz von Sahne hat – vielleicht ist nicht das gesamte Olivenöl erforderlich, vielleicht etwas mehr. Den Käse untermischen. Die Salatblätter in eine Schüssel geben und mit Dressing beträufeln. Den Fenchel unterheben und den Salat auf zwei Teller verteilen.

Die Entenbrust schräg in Scheiben schneiden und auf dem Salat anrichten. Zu diesem Gericht passt würziges Rote-Bete-Chutney (siehe Seite 153).
FÜR 2 PERSONEN

Weizenbier-Vinaigrette

3 EL Hefeweizen (z. B. Erdinger Weißbier)
125 ml Olivenöl
3 EL Zitronensaft
1 TL Balsamico-Essig

2 TL körniger Senf
1 Knoblauchzehe, geschält und zerdrückt
Meersalz und frisch gemahlener schwarzer Pfeffer

Alle Zutaten mit Salz und Pfeffer nach Geschmack in ein sauberes Glas mit Schraub-
verschluss geben. Das Glas fest zuschrauben und kräftig schütteln.

Dieses Dressing passt gut zu meinem bunten Salat mit Röstkartoffeln (siehe
Seite 169) und dem Salat aus gegrilltem Gemüse (siehe Seite 163). Zudem schmeckt
es prima zu einem grünen Salat mit Mais und Rote Bete – hier würde ich allerdings
eine süßere Variante des Dressings verwenden und ihm 1 Esslöffel Honig hinzufügen, der Mais und Rote Bete gut ergänzt.

BIERTIPP
Probieren Sie
für die milde
Vinaigrette auch
einmal Schneider,
Unertl oder
Grünbacher
Weißbier.

Würziges Rote-Bete-Chutney

2–3 mittelgroße Rote Bete (etwa 550 g)
1 EL Olivenöl
1 Zwiebel, geschält und in dünne Scheiben
    geschnitten
1 Knoblauchzehe, geschält und zerdrückt
70 ml frisch gepresster Orangensaft
2 frische Lorbeerblätter
125 ml Apfelessig

250 ml Altbier (z. B. Schlüssel oder Hannen Alt,
    es geht aber auch dunkles Bier wie Paulaner
    oder Hofbräu Dunkel)
45 g brauner Zucker
½ TL Chiliflocken (oder 1 TL, wenn Sie es
    richtig scharf mögen)
1 TL geräuchertes Paprikapulver
Meersalz und frisch gemahlener schwarzer Pfeffer

Den Backofen auf 200 °C vorheizen. Die Rote Bete einzeln in Alufolie einwickeln und für 1 Stunde in den Backofen legen. Herausnehmen, etwas abkühlen lassen, dann auswickeln, schälen und in kleine Würfel schneiden.

Das Olivenöl in einem tiefen Topf bei mittlerer Temperatur erhitzen. Die Zwiebel darin braten, bis sie weich ist. Alle anderen Zutaten mit Ausnahme der Roten Bete, Salz und Pfeffer dazugeben und etwa 10 Minuten köcheln lassen.

Nun die Rote Bete sowie Salz und Pfeffer nach Geschmack hinzufügen. Den Topfinhalt noch einmal etwa 40 Minuten unter gelegentlichem Rühren köcheln lassen, bis die meiste Flüssigkeit verdampft ist. Etwas abkühlen lassen, dann in sterilisierte Gläser füllen (siehe unten).

ERGIBT 2 GLÄSER MIT JEWEILS 500 G FASSUNGSVERMÖGEN

GLÄSER STERILISIEREN: Gläser und Deckel zunächst in heißem Seifenwasser waschen und anschließend sorgfältig nachspülen. Die Gläser – und die Deckel, sofern sie aus Metall sind – für 30 Minuten in den auf 120 °C vorgeheizten Backofen schieben. Kunststoffdeckel in einen Topf legen, mit Wasser bedecken und 5 Minuten kochen lassen.

Hot Dogs

4 gute Bratwürste (z. B. frische Chorizo
    oder Krainerwürste)
1–2 EL Olivenöl
2 große Zwiebeln, geschält und in Scheiben
    geschnitten
180 g Sauerkraut

330 ml Exportbier (z. B. Augustiner Edelstoff)
4 Baguettebrötchen
extra-scharfer Biersenf (siehe Seite 166)
Tomatenketchup nach Geschmack
125 g Cheddar, gerieben

Den Grill auf mittlerer Temperatur vorheizen. Die Würste auflegen und rundum bräunen. Die Hitze reduzieren und die Würste weitergrillen, zwischendurch immer wieder drehen.

In der Zwischenzeit die Grillplatte des Grills auf hoher Temperatur erhitzen und mit Olivenöl beträufeln. Die Zwiebeln darauf verteilen und etwa 5 Minuten unter häufigem Rühren anbraten. Auf mittlere Hitze reduzieren und die Zwiebeln weiter unter gelegentlichem Rühren 15–20 Minuten garen. Am Ende der Garzeit das Sauerkraut hinzufügen und sorgfältig untermischen. Etwa ein Drittel des Biers dazugießen – den Rest können Sie trinken. Die Mischung garen, bis die Flüssigkeit eingekocht ist und die Zwiebeln karamellisiert sind.

Ein Brötchen längs einschneiden. Eine Seite mit Senf bestreichen, die andere nach Belieben mit Tomatenketchup. Eine Wurst hineinlegen und eine großzügige Portion Zwiebel-Sauerkraut-Mischung daraufgeben. Zum Schluss etwas geriebenen Käse darüberstreuen. Auf die gleiche Weise drei weitere Hot Dogs herstellen.

Vor dem Essen einige Servietten bereitlegen, denn Hot Dogs lassen sich einfach nicht anständig verzehren!

FÜR 4 PERSONEN

BIERTIPP
Eine gute
Wahl für
dieses Gericht
ist Fürst Wallenstein
Classic,
Schlappeseppel
Export oder
auch Coopers
Sparkling Ale.

Manchmal muss man beim Kochen auch mit Zutaten zurechtkommen, die gerade erhältlich sind, selbst wenn sie nicht auf dem Einkaufszettel standen. Dieser Salat ist ein typisches Beispiel für meine Improvisationskunst. Ich wollte eigentlich einen Krautsalat machen, aber ich musste in einem kleinen vietnamesischen Gemüsegeschäft einkaufen, das zwar wunderbare frische Ware im Angebot hatte, aber keinen einzigen Weißkohl! Also arrangierte ich mich, kaufte andere Gemüse und bereitete diesen Asia-Salat zu. Für mich kommt es beim Salat darauf an, wie fein die Zutaten geschnitten werden und wie das Dressing schmeckt.

Saté-Spieße mit Asia-Salat

1 TL Meersalz
¼ TL frisch gemahlener weißer Pfeffer
½ TL gemahlene Zitronenmyrte (ersatzweise die abgeriebene Schale 1 Bio-Zitrone)
3–4 Bio-Hähnchenbrustfilets

SATÉ-SAUCE

1 EL Erdnussöl
1 kleine Zwiebel, geschält und fein gewürfelt
1 Knoblauchzehe, geschält und in dünne Scheiben geschnitten
1 TL geriebene Ingwerwurzel
1 lange rote Chilischote, nach Entfernen der Samen, in schmale Ringe geschnitten
80 ml Kokosmilch
125 ml Coopers Original Pale Ale
160 g Crunchy Erdnussbutter
3 TL Sojasauce

1 TL Zucker
Saft von ½ Zitrone
1 EL gehacktes Koriandergrün

ASIA-SALAT

1 Pak Choi, geputzt
½ weißer Rettich
3 Radieschen
10 frische Minzeblätter
1 rosa Grapefruit
180 ml gute Mayonnaise
1 EL Weißweinessig
1½ TL Zucker
1 kleine Prise frisch gemahlener weißer Pfeffer
Meersalz
40 g Cashewkerne, grob gehackt
frische Korianderblätter zum Garnieren

Einige Holzspieße für 1 Stunde in Wasser legen, damit sie später auf dem Grill nicht verbrennen.

In einer Schüssel Salz, Pfeffer und Zitronenmyrte mischen. Die Hähnchenbrustfilets in dünne Scheiben von etwa 4 mm Dicke und 8–10 cm Länge schneiden. Jede Scheibe der Länge nach auf einen Spieß stecken, dabei mehrmals einstechen und mit der Würzmischung bestreuen. Beiseitestellen. Die Spieße können am Vortag zubereitet und mit Frischhaltefolie abgedeckt im Kühlschrank aufbewahrt werden.

Zur Zubereitung der Sauce das Öl in einem Topf bei mittlerer Temperatur erhitzen. Die Zwiebel hinzufügen und unter Rühren anschwitzen, bis sie glasig ist. Knoblauch, Ingwer und Chilischote dazugeben und etwa 5 Minuten garen, dabei ab und zu umrühren. Kokosmilch, Bier und Erdnussbutter hinzufügen und sorgfältig unterrühren. Sojasauce und Zucker untermischen, zum Schluss Zitronensaft und Koriandergrün. An die Oberfläche gestiegenes Öl abschöpfen. Gegebenenfalls noch etwas Wasser oder Bier hinzufügen, um die Sauce zu verdünnen.

Für den Salat die Stiele des Pak Choi längs in sehr schmale Streifen schneiden, anschließend die Blätter. Den Rettich in etwa 8 cm lange Juliennestreifen schneiden. Schließlich Radieschen und Minze in schmale Streifen schneiden. Alle Zutaten in eine große Schüssel geben. Die Schale der Grapefruit vollständig, also auch mit der inneren weißen Haut, abschneiden. Die Grapefruit über eine Schüssel halten, um den Saft aufzufangen, und die Filets entlang der Trennhäutchen herauslösen. Die Filets in kleine Würfel schneiden. Die Hälfte der Würfel zum Salat geben und sorgfältig untermischen. Etwa 3 Esslöffel des aufgefangenen Grapefruitsafts in eine Schüssel geben. Mayonnaise, Essig, Zucker, Pfeffer und 1 Prise Meersalz dazugeben und sorgfältig untermischen. Das Dressing abschmecken. Den Großteil des Dressings mit dem Salat mischen, gegebenenfalls noch den Rest hinzufügen. Den Salat in die Mitte eines großen flachen Serviertellers häufen. Mit den restlichen Grapefruitwürfeln, Cashewkernen und einigen Korianderblättern garnieren.

Die Spieße auf dem heißen Grill von jeder Seite 4–5 Minuten garen. Auf einem großen Teller anrichten und mit etwas Sauce beträufeln. Die restliche Sauce in einer Schale dazu reichen.

FÜR 4 PERSONEN

BIERTIPP

Sie können auch ein malzbetontes, helles Bier wie etwa Bass Ale, Samuel Adams Ale oder auch das Lagerbier des Kloster Scheyern verwenden.

Mariniertes Hähnchen mit Koriander

4 kleine rote Chilischoten, nach Entfernen der Samen, gehackt
4 Knoblauchzehen, geschält und zerdrückt
4 EL gehacktes Koriandergrün
200 ml ungesüßter Ananassaft

375 ml Coopers Sparkling Ale
2 EL Sojasauce
2 EL Tomatenketchup
1 Prise Meersalz
1 großes Bio-Hähnchen, in 4 Teile zerlegt

Alle Zutaten mit Ausnahme des Hähnchens in eine Schüssel geben und sorgfältig mischen. Die Marinade probieren – sie sollte scharf, würzig, süß und salzig sein. 15 Minuten stehen lassen, damit die Aromen verschmelzen können.

Brust und Schenkel des Hähnchens mit einem scharfen Messer – nicht zu tief – einschneiden, damit die Marinade in das Fleisch eindringen kann. Die Hähnchenteile in einen Bräter oder eine ofenfeste Form legen, in der sie gerade Platz haben, und mit der Marinade übergießen. Die Hähnchenteile mehrmals wenden, um sie mit Marinade zu überziehen. Mit der Hautseite nach unten in die Form legen und hervorstehende Teile mit Marinade beträufeln. Mit Frischhaltefolie abdecken und 1 Stunde bei Zimmertemperatur stehen lassen oder bis zu 24 Stunden im Kühlschrank aufbewahren.

Den Grill auf hoher Temperatur vorheizen. Die Hähnchenteile mit der Hautseite unten auf den Grill legen und etwa 5 Minuten garen. Umdrehen und noch einmal etwa 5 Minuten grillen. Das Fleisch soll eine schöne Farbe bekommen, aber nicht verbrennen. Auf mittlere Temperatur reduzieren und das Hähnchen etwa 30 Minuten grillen, dabei die Teile etwa alle 8 Minuten wenden und mit Marinade einpinseln. (Ich vermeide dabei auf dem Grill die heißen Stellen, und drehe Hähnchenbrüste und -schenkel häufig, damit sie gleichmäßig garen. Geschieht dies bei niedriger Temperatur bleibt das Fleisch schön saftig.)

An den Gelenken der Schenkel prüfen, ob das Hähnchen gar ist. Sie sollten sich gut bewegen lassen, und das Fleisch sollte nicht mehr rot oder blutig sein. Zudem sollte klarer Saft austreten, wenn mit einer Grillgabel in das Fleisch gestochen wird. Andernfalls das Hähnchen noch etwas garen.

Die Hähnchenteile auf einen Teller legen und mit Alufolie abgedeckt 5 Minuten ruhen lassen. Mit einem Reissalat servieren.

FÜR 4 PERSONEN

BIERTIPP
Sie können verschiedene Biere ausprobieren wie Neumarkter Lammsbräu Urstoff oder Lindenbräu Pilsener. Das Bier sollte jedoch malzbetont sein, da das Malz beim Grillen karamellisiert und dem Fleisch eine herrliche Süße verleiht.

Sollten Sie dieses Gericht noch nie zubereitet haben, wird es höchste Zeit – es ist wahraft köstlich und bemerkenswert einfach, aber man braucht einen Grill mit Deckel. Vielleicht glauben Sie, dass die Auswahl an Bier etwas eingeschränkt ist, da eine Dose benötigt wird. Aber wenn Sie wollen, können Sie trotzdem jedes beliebige Bier verwenden. Kaufen Sie irgendein Dosenbier, kippen Sie es weg und füllen Sie die leere Dose einfach mit einem Bier Ihrer Wahl!

Hähnchen auf der Dose

1 Bio-Hähnchen (etwa 1,8 kg)
1 Dose Bier (z. B. Licher Weizen Hell oder
    Franziskaner Weizen Hell)
½ Zitrone, in 4 Spalten geschnitten
1 Knoblauchzehe, geschält und zerdrückt

ZUM BESTREICHEN
50 g weiche Butter
1 TL Meersalz
¼ TL frisch gemahlener schwarzer Pfeffer
1 TL edelsüßes Paprikapulver
2 Knoblauchzehen, geschält und zerdrückt

Den Grill zum indirekten Garen vorheizen. Das Hähnchen unter fließendem kaltem Wasser waschen und mit Küchenpapier trocken tupfen.

Bei Verwendung einer normalen Bierdose ein Drittel des Biers trinken oder weggießen. Nun die Zitronenspalten und den Knoblauch in die Dose geben. (Falls gewünscht, können auch einige Kräuter oder eine Chilischote hinzugefügt werden.) Das Hähnchen vorsichtig auf die Bierdose setzen – es sollte fest und gerade sitzen. Darauf achten, dass die Flügel anliegen und nicht herunterhängen (gegebenenfalls mit Küchengarn festbinden).

Die Zutaten zum Bestreichen des Hähnchens in einer Schüssel sorgfältig mischen. Das Hähnchen großzügig mit der Mischung einpinseln, auf den Grill setzen und mit geschlossenem Deckel 30 Minuten garen. Wieder großzügig mit der Würzbutter bestreichen und weitere 30 Minuten grillen. Nach 1–1¼ Stunden sollte das Hähnchen gar sein. Wenn beim Einstechen in die Brust oder einen Schenkel klarer Saft austritt, ist das Hähnchen fertig.

Das Hähnchen vorsichtig von der Dose heben. Achtung! Das Bier in der Dose ist sehr heiß! Zum Servieren das Hähnchen in 4 Teile zerlegen. Dazu einen grünen Salat reichen – oder am besten meinen Salat aus gegrilltem Gemüse (siehe rechts).

FÜR 4 PERSONEN

Salat aus gegrilltem Gemüse

2 große Frühlingszwiebeln
je 1 rote und gelbe Paprikaschote, Stielansatz,
   Samen und Scheidewände entfernt,
1 große Zucchini
1 Aubergine
1 Radicchio

250 g Halloumi
3–4 EL Mehl
Meersalz und frisch gemahlener schwarzer Pfeffer
125 ml Olivenöl
8 große Kirschtomaten, halbiert
Weizenbier-Vinaigrette (siehe Seite 151)

Die Grillplatte des Grills auf hoher Temperatur erhitzen.

In der Zwischenzeit die Frühlingszwiebeln putzen. Das obere Drittel abschneiden und wegwerfen. Die Zwiebeln halbieren und beiseitestellen. Von jeder Paprikaschote zwei Seiten abschneiden, in Streifen schneiden und beiseitestellen. (Den Rest der Schoten anderweitig verwenden.) Die Zucchini putzen und längs halbieren. Die Hälften längs in jeweils drei Spalten schneiden. Am dicken Ende der Aubergine 3 cm abschneiden und für eine andere Verwendung aufbewahren. Von der restlichen Aubergine 4 Scheiben von etwa 1 cm Dicke abschneiden. Die Scheiben halbieren. 12 schöne Radicchioblätter ablösen und beiseitestellen. Den übrigen Radicchio anderweitig verwenden.

Den Halloumi in 1 cm dicke Scheiben schneiden. Das Mehl mit 1 Prise Meersalz und etwas Pfeffer in einen Gefrierbeutel geben. Den Halloumi hinzufügen, den Beutel schließen und dann schütteln, damit der Käse mit dem gewürzten Mehl überzogen wird. Den Halloumi herausnehmen und überschüssiges Mehl abschütteln.

Etwa 3 EL Olivenöl auf die Grillplatte gießen. Wenn es heiß ist, den Halloumi auflegen. Frühlingszwiebeln, Paprika, Zucchini und Aubergine auf die Grillplatte legen. Darauf achten, dass die Gemüse in etwas Öl liegen, vor allem die Aubergine. Käse und Gemüse garen, dabei immer wieder wenden, damit das Gemüse eine schöne Farbe bekommt. Wenn der Halloumi auf beiden Seiten goldbraun ist, den Käse von der Grillplatte nehmen und die Tomaten auf die Platte legen. Das Gemüse weiter wenden. Nötigenfalls noch etwas Öl zu der Aubergine geben. Das Gemüse darf nicht matschig oder übergart werden – es sollte eine schöne Farbe und ein karamellartiges Aroma bekommen.

Gegartes Gemüse vom Grill nehmen und in eine große Salatschüssel geben. Kurz bevor das letzte Gemüse heruntergenommen wird, die Radicchioblätter für etwa 30 Sekunden auf die Grillplatte legen, gerade so lange, dass sie zusammenfallen.

Restliches Gemüse, Radicchio und Halloumi in die Salatschüssel geben. Die Weizenbier-Vinaigrette zufügen und unterheben.

FÜR 4–6 PERSONEN

Wie macht man ein richtig gutes Steak-Sandwich? Erstens: Das verwendete Steak darf weder zu dick noch zu dünn sein. Zweitens: Damit das Steak zart und aromatisch wird, muss das Verhältnis von Fett und Fleisch perfekt sein und drittens muss das Sandwich so sein, dass man es in den Mund bekommt. Man muss es hochheben und hineinbeißen können, ohne dass es auseinanderfällt oder zwischen den Fingern hindurchfällt. Für mein Sandwich verwende ich deshalb ein Steak vom wunderbaren Fleisch des Wagyu-Rinds. Nehmen Sie dazu gutes Sauerteigbrot, ein Bio-Ei, etwas knackiges Gemüse, ein wenig Mayonnaise, hausgemachtes Chutney und etwas Käse, dann kann nichts mehr schiefgehen!

Wagyu-Steak-Sandwich

2 Knoblauchzehen, geschält und zerdrückt
3 EL Olivenöl
2 Scheiben Sauerteigbrot, schräg abgeschnitten
1 Bio-Ei
1 Rib-Eye-Steak vom Wagyu-Rind (5 mm dick) oder
    von einem erstklassigen Bio-Rind

1 TL Blauschimmelkäse
1–2 EL gute Mayonnaise
2 Radieschen, geraspelt
1 Handvoll Rucola
würziges Rote-Bete-Chutney (siehe Seite 153)

Den Knoblauch mit dem Olivenöl in eine kleine Schüssel geben und beiseitestellen, damit die Aromen verschmelzen. Den Grill auf mittlerer Temperatur vorheizen.

Die Brotscheiben auf beiden Seiten mit der Olivenölmischung einpinseln, dann zuerst eine Seite auf dem Grill rösten. Wenn sie hübsche dunkle Streifen hat, das Brot umdrehen und die andere Seite rösten. (Die Zutaten könnten gleichzeitig gegart werden, obwohl der Toast vermutlich am längsten braucht. Daher zuerst das Brot, dann das Ei und zum Schluss das Steak zubereiten.) Die Grillplatte mit etwas Olivenöl einpinseln und das Spiegelei braten. Dann das Steak grillen – ich mag mein Steak rosa, wofür es vermutlich auf jeder Seite nur 2–3 Minuten gegrillt werden muss. Das Ei behutsam umdrehen, kurz bevor es auf das Sandwich gelegt wird, damit das Eigelb nicht kaputtgeht. Zu den Genüssen eines guten Steak-Sandwichs gehört es, dass das Eigelb beim Hineinbeißen platzt und den Arm hinunterläuft.

Wenn das Brot fertig ist, eine Scheibe mit dem Blauschimmelkäse bestreichen und etwas Mayonnaise daraufgeben. Das Steak darauflegen, dann die geraspelten Radieschen, das Ei und den Rucola. Die andere Brotscheibe großzügig mit Chutney bestreichen und auf das Sandwich setzen.

ERGIBT 1 SANDWICH

Ich füge diesem Senf gern ein Eigelb hinzu. Dadurch erhält er eine seidigere Konsistenz, ist aber nicht mehr lange haltbar. Wenn Sie seine Haltbarkeit verlängern wollen, lassen Sie das Eigelb weg.

Extra-scharfer Biersenf

2 TL schwarze Senfkörner
½ TL Selleriesamen
6 EL Senfpulver
1 TL Knoblauchpulver
1 TL Zwiebelpulver
1 TL Cayennepfeffer
½ TL gemahlene Kurkuma

½ TL Meersalz
2 EL brauner Zucker (Demerara)
1 EL Apfelessig
90 ml Pils (z. B. Pilsener Urquell,
    Jever oder König Pilsener)
1 Bio-Eigelb (nach Belieben)

Senfkörner und Selleriesamen im Mörser zu einem Pulver zerreiben. Das Pulver in eine Glasschüssel geben. Gewürze, Salz und Zucker hinzufügen und sorgfältig untermischen.

Essig und Bier zugeben und die Mischung mit einem Schneebesen möglichst glatt rühren. Oder die Zutaten in den Mixer geben und das Gerät 1–2 Minuten laufen lassen. Die Mischung wieder in die Schüssel geben und, sofern gewünscht, das Eigelb unterschlagen.

Die Schüssel auf einen Topf mit gerade köchelndem Wasser setzen. Darauf achten, dass sie fest sitzt, aber nicht in Kontakt mit dem Wasser kommt. Den Senf etwa 3 Minuten schlagen – er wird dadurch etwas dicker, cremig und glatt.

Den Senf in ein sterilisiertes Glas füllen (siehe Seite 153) und in den Kühlschrank stellen.

ERGIBT 170 ML

Ich liebe diesen Salat, weil er so einfach ist und wunderbar zu allem passt, was auf dem Grill zubereitet wird. Die Würze der Kartoffeln, die Süße der Tomaten, die Schärfe der Zwiebeln, die Pfeffrigkeit des Korianders und der erdige Geschmack der grünen Bohnen ergänzen zusammen herrlich den rauchigen Charakter, den Fleisch erhält, wenn man es über Flammen oder heißen Kohlen gart. Einfach lecker!

Bunter Salat mit Röstkartoffeln

3 festkochende Kartoffeln, geschält
1–2 EL Olivenöl
Meersalz
1 Prise Cayennepfeffer (nach Belieben)
300 g grüne Bohnen, geputzt

½ rote Zwiebel, geschält, halbiert und in dünne
   Scheiben geschnitten
10 Kirschtomaten, geviertelt
20 g gehacktes Koriandergrün
3–4 EL Weizenbier-Vinaigrette (siehe Seite 151)

Den Backofen auf 200 °C vorheizen.

Die Kartoffeln längs halbieren. Die Hälften dritteln und die Drittel wiederum quer vierteln – aus jeder Hälfte werden also 12 Stücke geschnitten. Die Kartoffelstücke sollten etwa die gleiche Größe haben, aber es macht nichts, wenn sie nicht ganz einheitlich sind. Kleinere Stücke werden nämlich wunderbar knusprig und sind in meinem Haus meist am begehrtesten!

Die Kartoffeln auf einem Backblech verteilen und mit dem Olivenöl beträufeln. Etwas Meersalz und, sofern gewünscht, ein wenig Cayennepfeffer darüberstreuen. Durchmischen und 30 Minuten im Backofen garen, bis die Kartoffeln außen knusprig braun und innen weich sind. Herausnehmen und abkühlen lassen.

Die Bohnen 2–3 Minuten in kochendem Salzwasser blanchieren oder mit etwas Wasser 1–2 Minuten im Mikrowellengerät garen – sie sollten aber noch Biss haben. Abtropfen und abkühlen lassen.

Die Bohnen mit Zwiebel, Tomaten und Koriandergrün in eine Schüssel geben. Wenn die Kartoffeln lauwarm sind, diese ebenfalls hinzufügen. Den Salat mit der Weizenbier-Vinaigrette anmachen und sofort servieren, damit die Kartoffeln nicht matschig werden.

FÜR 4 PERSONEN

Desserts mit Bier

Wenn ich den Leuten von meinen Bierdesserts erzähle, beobachte ich gern ihre Gesichter. Zuerst schauen sie ungläubig, dann erstaunt, schockiert, angewidert, besorgt, neugierig, wagemutig oder interessiert. Schließlich tritt ein Lächeln in ihre Augen, das sich rasch über ihr Gesicht ausbreitet, wenn sie sich vorstellen, dass Bier, Sahne, Zucker, Obst, Eier, Kaffee, Mehl und Schokolade möglicherweise doch auf seltsame und unergründliche Weise zusammenpassen könnten. Dann räumen sie ein wenig schelmisch und schuldbewusst ein, dass sie gern einmal etwas davon probieren würden. Zweifellos strapaziert die Vorstellung von einem mit Bier zubereiteten Dessert die Fantasie der meisten normalen Menschen ein wenig, aber das wirft die Frage auf – was ist normal? Wenn Sie einmal mit der Zubereitung von Bierdesserts begonnen haben, garantiere ich Ihnen, dass normal nie mehr normal sein wird – und Ihre Desserts natürlich auch nicht.

Dunkles Bier eignet sich großartig zum Kochen und Backen, da es Gerichten einen nussigen Charakter verleihen kann, ohne übermäßig viel Süße beizusteuern.

Arme Ritter mit Heidelbeeren

4 Bio-Eier
2 Eigelb von Bio-Eiern
125 g Zucker
400 g Sahne
200 ml dunkles Bier (z. B. Hacker-Pschorr Dunkel)
1 Päckchen Vanillezucker

14 Scheiben Vollkorntoast, Rinde entfernt
60 g Butter, zerlassen, sowie Butter zum Einfetten
100 g Tiefkühl-Heidelbeeren

Den Backofen auf 170 °C vorheizen.

Eier, Eigelbe und Zucker in einer Schüssel sorgfältig verquirlen. Sahne, Bier und Vanillezucker in eine zweite Schüssel geben und sorgfältig vermischen. Die Eimasse hinzufügen und die Zutaten gut verrühren. Beiseitestellen.

Die Brotscheiben auf beiden Seiten mit der zerlassenen Butter bestreichen. Die Scheiben diagonal halbieren, sodass aus jeder Scheibe 2 Dreiecke entstehen. Eine große ofenfeste Form (etwa 18 x 27 cm) mit wenig Butter einfetten. Die Brotstücke so hineinlegen, dass sie sich überlappen. (Je nach Größe der Form ist vielleicht nicht das gesamte Brot erforderlich.) Die Heidelbeeren über das eingeschichtete Brot streuen und einen Teil zwischen die Scheiben schieben. Die Eimischung über das Brot gießen. Vielleicht scheint zunächst nicht die ganze Masse erforderlich, doch wenn das Brot die Flüssigkeit aufgenommen hat, kann der Rest darübergegossen werden. 15 Minuten stehen lassen.

Einen großen Bräter oder die Fettpfanne des Backofens mit mehreren Lagen Küchenpapier auslegen. Die Form daraufsetzen und so viel kochendes Wasser in den Bräter gießen, dass die Form zur Hälfte im Wasser steht. Die Form mit Alufolie abdecken und für 25 Minuten in den Backofen schieben.

Die Alufolie entfernen und die Armen Ritter noch einmal 15–20 Minuten backen, bis die Oberfläche goldbraun und die Eimasse gestockt ist. (Sollte die Masse ausflocken, wurde die Süßspeise bei zu starker Hitze gegart, was aber nicht ihren Geschmack beeinträchtigt. Das nächste Mal die Temperatur ein wenig reduzieren.)

Die Armen Ritter aus der Form nehmen und vor dem Servieren ein wenig abkühlen lassen.

FÜR 8 PERSONEN

BIERTIPP
Ich habe Hacker Pschorr Dunkel verwendet – weitere Optionen sind König Ludwig Dunkel oder Samuel Adams Black Lager.

Für dieses französische Dessert habe ich mich für Starkbier entschieden, weil es einen schönen malzigen Geschmack hat und fruchtige Aromen beinhaltet. Das Paulaner Salvator beispielsweise schmeckt tatsächlich kräftig nach Mandel und Kirsch und ist hier der ideale Partner. Wenn Sie keine frischen Schattenmorellen oder Sauerkirschen bekommen, können Sie diese durch Tiefkühlware ersetzen. Sie können auch Schattenmorellen aus dem Glas benutzen oder sogar eine Mischung aus gleichen Teilen frischen und konservierten Kirschen.

Clafoutis mit Schattenmorellen

zerlassene Butter zum Einfetten sowie
    1 EL zerlassene Butter
40 g Mehl mit $\frac{1}{3}$ TL Backpulver vermischt
1 Prise Meersalz
25 g gemahlene Mandeln
4 Bio-Eier
45 g brauner Zucker

150 ml Milch
150 g Sahne
100 ml Starkbier (z. B. Paulaner Salvator)
1 EL Portwein
600 g entsteinte Schattenmorellen (siehe oben)
fein abgeriebene Schale von 1 Bio-Zitrone
fein abgeriebene Schale von 1 Bio-Orange

Den Backofen auf 180 °C vorheizen. Eine tiefe, ofenfeste Form von 20 cm Durchmesser mit zerlassener Butter auspinseln.

Mehl und Salz in eine Schüssel sieben und die gemahlenen Mandeln untermischen. In einer zweiten Schüssel Eier, Zucker, Milch, Sahne, Bier und Portwein verschlagen. Nach und nach die Eimischung unter das Mehl schlagen, bis ein glatter dünner Teig entstanden ist. Beiseitestellen.

Besonders große Kirschen halbieren, Tiefkühl-Kirschen oder Kirschen aus dem Glas ganz lassen. Die Kirschen in die eingefettete Form geben – der Boden der Form sollte vollständig bedeckt sein. Zitronenschale, Orangenschale und den Esslöffel zerlassene Butter verrühren und unter den Teig schlagen. Den Teig behutsam über die Kirschen gießen. Den Clafoutis etwa 35 Minuten backen – die Oberfläche sollte gebräunt und der Teig fest, aber noch elastisch sein. Mit Vanilleeis, Joghurt oder etwas Schlagsahne servieren.
FÜR 8 PERSONEN

BIERTIPP
Wenn Sie es bekommen können, eignet sich auch ein Kirschbier wie Lambic Kriek (siehe Seite 195).

Bieramisu

3 Bio-Eier, getrennt
90 g Zucker
250 g Sahne
250 g Mascarpone
60 ml Kahlúa oder anderer Kaffeelikör

500 ml Stout (z. B. Guinness)
60 ml Espresso
400 g Löffelbiskuits
100 g Bitterschokolade (70 % Kakaoanteil),
   gerieben

Eigelbe und Zucker in eine Schüssel geben und mit dem elektrischen Handrührgerät bei mittlerer Geschwindigkeit etwa 10 Minuten schlagen, bis die Masse dick und schaumig ist. In einer zweiten Schüssel die Sahne steif schlagen. In einer dritten Schüssel die Eiweiße schlagen, bis sich steife Spitzen bilden.

Den Mascarpone zu der Eigelb-Zucker-Masse geben und mit dem elektrischen Handrührgerät behutsam, aber sorgfältig unterschlagen. Die geschlagene Sahne dazugeben und mit einem Spatel sorgfältig unterheben. Den Kahlúa hinzufügen und gut untermischen. Schließlich den Eischnee unterheben.

Bier und Espresso in ein flaches Gefäß gießen. Dieses Bieramisu kann entweder in Einzelportionen oder in einer großen rechteckigen Form eingeschichtet werden. Ich verwende für mein Bieramisu eine Lasagneform von etwa 5 x 18 x 27 cm. Eine dünne Schicht Mascarponemasse auf den Boden der Form streichen. Einen Löffelbiskuit für etwa 4 Sekunden pro Seite in die Bier-Kaffee-Mischung tauchen – er sollte aber nicht vollkommen durchweicht werden. An einem Ende der Form auf die Mascarponemischung setzen. Auf diese Weise fortfahren. Einen Löffelbiskuit neben den anderen legen, bis der Boden der Form bedeckt ist.

Eine dicke Schicht Creme auf den Löffelbiskuits verteilen. Die Hälfte der geriebenen Schokolade darüberstreuen. Eine weitere Schicht Löffelbiskuits darauflegen und behutsam in die Mascarponemasse drücken. Die restliche Creme darauf verteilen und mit der verbliebenen Schokolade bestreuen.

Die Form mit Frischhaltefolie abdecken und vor dem Servieren für mehrere Stunden in den Kühlschrank stellen.

FÜR 8–10 PERSONEN

BIERTIPP
Es muss nicht immer Amaretto sein: Sie können für diesen Dessertklassiker auch Köstritzer oder Kulmbacher Schwarzbier, Guinness Stout oder Coopers Best Extra Stout verwenden.

Diese Eiscreme passt großartig zu den Biernanen von Seite 184!

Weizenbier-Eiscreme

250 ml Weizenbier (z. B. Maisel, Schöfferhofer, Paulaner, Erdinger, Franziskaner oder Hofbräu Weißbier)
125 ml Milch

170 g Zucker
1 Bio-Ei, verquirlt
500 g Sahne

Das Bier in einen Topf geben und bei mittlerer Temperatur auf 80 ml einkochen lassen. Milch, Zucker, Ei und Sahne zufügen und behutsam erhitzen, bis sich der Zucker vollständig aufgelöst hat. Die Masse in eine Schüssel geben und in den Kühlschrank oder das Gefriergerät stellen, bis sie abgekühlt ist.

Anschließend die Masse in eine Eismaschine gießen und nach Gebrauchsanweisung gefrieren lassen. Entweder sofort servieren oder in einen Gefrierbehälter füllen und fest verschlossen bis zur Verwendung in das Gefriergerät stellen.

Wer keine Eismaschine hat, kann die Masse in ein flaches Gefäß füllen und in das Gefriergerät stellen. Sobald die Masse zu gefrieren beginnt, mit einer Gabel durchrühren, um die Eiskristalle aufzubrechen. Diesen Arbeitsgang zwei- oder dreimal wiederholen, bis eine glatte Eiscreme entstanden ist. Mit einem fest sitzenden Deckel verschließen und bis zur Verwendung im Gefriergerät aufbewahren.

ERGIBT 1 LITER

Karamellisierte Biernanen

100 g brauner Zucker
60 ml Hefeweizen (z. B. König Ludwig Weißbier)
2 Bananen, längs halbiert

Weizenbier-Eiscreme (siehe Seite 180)
   zum Servieren
gehackte frische Minze zum Garnieren

Zucker und Bier in eine beschichtete Pfanne geben. Bei mittlerer Temperatur zum Kochen bringen und rühren, bis sich der Zucker aufgelöst hat. Sobald die Mischung flüssig ist, nicht mehr rühren.

Die Hitze reduzieren und den Sirup 20–30 Minuten köcheln lassen, bis er um etwa zwei Drittel eingekocht ist. Die Bananen hineinlegen und 3 Minuten garen. Dann wenden und noch einmal 3 Minuten garen (sie sollten nicht zu weich und musig werden).

In zwei Schalen jeweils eine große Kugel Eiscreme geben und zwei Bananenhälften darauflegen. Mit der Minze garnieren und servieren.

FÜR 2 PERSONEN

BIERTIPP
Zum langsamen Karamellisieren und Garen der Bananen sind die folgenden Weizenbiere geeignet: König Ludwig Weißbier, Krombacher Weißbier oder das süffige Schöfferhofer Hefeweizen.

Pochierte Birnen mit Bier-Zabaione

4 aromatische Birnen (z. B. Beurré bosc)
500 ml Himbeerbier (z. B. Lambic Framboise oder
    St. Louis Framboise)
100 g Zucker
1 Zimtstange
2 Sternanis
6 Gewürznelken
1 Zeste von 1 Bio-Zitrone

ZABAIONE
3 Eigelb von Bio-Eiern
75 g Zucker
125 ml helles Bier (z. B. Augustiner oder
    Ayinger Hell, Löwenbräu Urtyp, Früh Kölsch
    oder Gaffel Kölsch)

Die Birnen schälen, die Stiele aber nicht entfernen. Unten eine dünne Scheibe von den Birnen abschneiden, damit sie aufrecht stehen, ohne umzufallen.

Himbeerbier, Zucker, Zimtstange, Sternanis, Gewürznelken und Zitronenzeste mit 200 ml Wasser in einen großen Topf geben. Bei mittlerer Temperatur erhitzen und rühren, bis sich der Zucker aufgelöst hat. Die Hitze so weit erhöhen, dass die Pochierflüssigkeit gerade kocht. Die Birnen aufrecht hineinstellen. Wenn die Flüssigkeit wieder zu köcheln beginnt, die Temperatur so regulieren, dass sie gerade noch ganz sanft köchelt. Die Birnen zugedeckt etwa 1 Stunde garen. Nach 50 Minuten testen, da sie nicht zu weich werden sollen. Jetzt können die Birnen auf die Seite gelegt werden. Nach 10 Minuten wieder testen und auf die andere Seite drehen.

Die Birnen mit einem Schaumlöffel herausheben und am Stiel vorsichtig in eine Schüssel setzen. Abgedeckt warm stellen. Die Gewürze aus dem Sirup nehmen. Den Sirup zum Kochen bringen und um die Hälfte reduzieren. Warm stellen.

Zur Zubereitung der Zabaione einen mittelgroßen Topf zu einem Viertel mit kochendem Wasser füllen. Auf den Herd stellen und die Hitze so regulieren, dass das Wasser gerade noch köchelt. Eigelbe und Zucker in eine Glasschüssel geben, die fest auf dem Topf sitzt, ohne das Wasser zu berühren. Die Mischung zunächst neben dem Herd schlagen, bis sie dick und schaumig ist.

Die Masse auf den Topf setzen und weitere 5 Minuten schlagen, bis sie ihr Volumen verdoppelt hat. Nach und nach das helle Bier unterschlagen. Die Sauce 10 Minuten weiterschlagen, bis sie ihr Volumen wiederum mindestens verdoppelt hat und glänzt und der Schneebesen einen Abdruck in ihr hinterlässt. Die Zabaione sofort verwenden, denn wenn sie kalt wird, fällt sie zusammen.

Den Sirup in vier breite Servierschalen schöpfen und die Birnen aufrecht in die Mitte setzen. Die Zabaione über die Birnen gießen und servieren.

Für 4 Personen

Crème caramel

125 ml Leffe Radieuse
220 g Zucker
300 ml Milch
300 g Sahne
3 Bio-Eier

3 Eigelb von Bio-Eiern
45 g brauner Zucker
2 EL heller Zuckerrohrsirup
   (ersatzweise Ahornsirup)

Den Backofen auf 180 °C vorheizen.

Bier und Zucker in einem Topf bei mittlerer Temperatur erhitzen und rühren, bis sich der Zucker aufgelöst hat. Dann nicht mehr rühren, weil der Zucker sonst kristallisiert und keinen Karamell bildet. Die Hitze erhöhen und den Biersirup zum Kochen bringen. Die Temperatur so regulieren, dass der Sirup köchelt, aber nicht überkocht. Köcheln lassen, bis er eine goldbraune Farbe annimmt. Zwischendurch kann der Topf sanft gerüttelt werden, damit der Sirup gleichmäßig bräunt. Von der Kochstelle nehmen und in einen Krug füllen, damit er sich gießen lässt.

Den Sirup auf 8 Förmchen von 125 ml verteilen. Die Förmchen dabei drehen, um den Boden gleichmäßig zu überziehen. Bis zur Verwendung in den Kühlschrank stellen. Der Sirup sollte dann erstarrt sein.

Milch und Sahne bei mittlerer Temperatur in einen Topf geben und zum Köcheln bringen, aber nicht kochen lassen. Von der Kochstelle nehmen.

Eier, Eigelbe, braunen Zucker und Zuckerrohrsirup in einer großen hitzebeständigen Schüssel sorgfältig vermischen. Nach und nach die Milch-Sahne-Mischung unterschlagen. Dann die Mischung vorsichtig auf den Sirup in den Förmchen schöpfen.

Einen großen Bräter oder die Fettpfanne des Backofens mit mehreren Lagen Küchenpapier auslegen. Die Förmchen auf das Küchenpapier setzen. So viel kochendes Wasser in den Bräter gießen, dass die Förmchen zur Hälfte im Wasser stehen. Den Bräter mit Alufolie abdecken und für 40 Minuten in den Backofen schieben, bis die Eimasse gerade gestockt ist. Die Crème caramel aus dem Bräter nehmen und abkühlen lassen. Dann mit Frischhaltefolie abdecken und vor dem Servieren mehrere Stunden oder über Nacht in den Kühlschrank stellen.

Zum Servieren den Boden der Förmchen in heißes Wasser tauchen, dann mit einem flachen Messer an der Innenwand der Förmchen entlangfahren. Einen Teller auf ein Förmchen setzen. Förmchen und Teller rasch umdrehen und auf die Arbeitsfläche stellen. Auf das Förmchen klopfen. Das Förmchen abziehen. Die Crème caramel sitzt nun, umgeben von herrlichem Bierkaramell, mitten auf dem Teller. Mit den übrigen Förmchen ebenso verfahren.

FÜR 8 PERSONEN

Crêpes mit Orangensirup

CRÊPES

150 g Mehl
1 EL Zucker
125 ml Milch
125 ml Bass Ale
2 Bio-Eier
1 Prise Salz
1–2 TL Butter zum Braten

ORANGEN-WEIZENBIER-SIRUP

125 ml Orangensaft
125 ml Mandarinensaft
250 ml Hoegaarden Grand Cru
3 EL Zucker

FÜLLUNG

350 g Ricotta
200 g Doppelrahmfrischkäse, zimmerwarm
2 Eigelb von Bio-Eiern
60 g Zucker
2 TL abgeriebene Schale von 1 Bio-Orange
2 TL abgeriebene Schale von 1 Bio-Mandarine
2 TL abgeriebene Schale von 1 Bio-Zitrone

ZUM ÜBERBACKEN

2 gehäufte EL Butter, zerlassen
1 EL Zucker

Den Backofen auf 180 °C vorheizen. Ein Backblech mit Backpapier belegen.

Alle Zutaten für die Crêpes mit Ausnahme der Butter in einer Schüssel glatt rühren. Den Teig ruhen lassen, während Sirup und Füllung zubereitet werden.

Zur Herstellung des Orangen-Bier-Sirups alle Zutaten in einen Topf geben und bei mittlerer Hitze auf die Hälfte reduzieren. Den Sirup warm stellen.

Die Zutaten für die Füllung in einer Schüssel ebenfalls sorgfältig verschlagen.

In einer beschichteten Pfanne etwas Butter bei mittlerer Temperatur erhitzen, bis sie schäumt. Eine Kelle Crêpeteig hinzufügen und die Pfanne drehen, um einen 12–14 cm großen Crêpe herzustellen. Die Crêpes sollten recht dünn sein, daher nötigenfalls noch etwas Milch oder Bier zum Teig hinzufügen. Den Crêpe backen, bis sich auf der Oberseite Bläschen bilden, dann umdrehen und die andere Seite bräunen. Aus der Pfanne nehmen und beiseitestellen. Insgesamt 12 Crêpes herstellen.

Einen Crêpe auf die Arbeitsfläche legen und 2 Esslöffel Füllung in die Mitte setzen. Die Seiten darüberklappen, um ein quadratisches Päckchen herzustellen. Den Crêpe etwas flach klopfen und mit der Nahtstelle nach unten auf das Backblech setzen. Mit den anderen Crêpes ebenso verfahren. Die Päckchen mit der zerlassenen Butter einpinseln und mit dem Zucker bestreuen. Für 15 Minuten in den Backofen schieben, bis sie heiß sind und der Zucker geschmolzen ist. Herausnehmen.

Jeweils zwei Crêpes auf einen Teller setzen und mit etwas Orangen-Bier-Sirup übergießen, dann servieren.

FÜR 6 PERSONEN

BIERTIPP
Das Hoegaarden Grand Cru ist ein einzigartiges Bier, das seinen spezifischen Geschmack durch die Zugabe von Koriander und Orangenschale beim Brauprozess bekommt.

Hopfen verleiht Bier Aroma und eine bittere Note. Bei diesem Rezept gibt Hopfen der Sahne das Aroma. Sie bekommen Hopfen bei vielen Apotheken, Tee- oder Kräuterhändlern oder über den Internet-Versandhandel. Vielleicht gibt es auch eine Brauerei in Ihrer Nähe, die Sie um etwas Hopfen bitten können. Achten Sie darauf, dass es sich um Aromahopfen handelt und nicht um Bitterhopfen. Es ist wichtig, eine Hopfensorte zu verwenden, die der Panna cotta einen floralen, zitrusartigen Charakter verleiht, sie aber nicht zu bitter macht.

Gehopfte Panna cotta mit Grapefruit-Orangen-Salat

7 g frische Hopfenblüten oder
   5 g Hopfenpellets
250 ml Milch sowie etwas zusätzliche Milch
8–10 Blatt weiße Gelatine
750 g Sahne
125 g Zucker

½ Vanilleschote, längs halbiert
1 rosa Grapefruit
1 Navel-Orange

Den Hopfen in ein Säckchen aus Musselin (oder in den abgeschnittenen Fuß einer neuen Feinstrumpfhose) geben und zubinden. Die Milch in einem Topf behutsam erhitzen, aber nicht zum Kochen bringen. Wenn die Milch heiß ist, den Herd ausschalten, den Hopfen in die Milch geben und etwa 10 Minuten ziehen lassen.

Das Hopfensäckchen herausnehmen und gut ausdrücken, damit möglichst viel Milch zurück in den Topf gelangt. Die Milch in einen Krug füllen und mit weiterer Milch auf 250 ml ergänzen. Die Milch wird recht bitter – mancher wird sagen unangenehm – schmecken, Sahne und Zucker gleichen dies aber wieder aus.

Die Blattgelatine in kaltem Wasser etwa 7 Minuten einweichen. Dann das Wasser aus der Gelatine drücken.

Inzwischen Sahne und Zucker in einem Topf mischen, das Mark aus der Vanilleschote kratzen und mit der Schote zu der Sahne-Zucker-Mischung geben. Den Topfinhalt zum Kochen bringen. Von der Kochstelle nehmen. Die Vanilleschote entfernen und die Hopfenmilch unterrühren. Die Gelatine hinzufügen und rühren, bis sie aufgelöst. Sorgfältig darauf achten, dass dabei an der Oberfläche keine Luftblasen entstehen. Die Mischung in Förmchen oder Gläser gießen und für mindestens 3 Stunden, am besten aber über Nacht, in den Kühlschrank stellen, bis sie fest ist.

Grapefruit und Orange so schälen, dass die weiße Haut mit abgeht und über einer Schüssel die Filets entlang der Trennhäutchen herauslösen. Das Fruchtfleisch in kleine Stücke schneiden und zu dem Saft in der Schüssel geben.

Die Panna cotta in den Gläsern servieren oder aus den Förmchen auf Teller stürzen. Jeweils 1–2 EL Obstsalat und Saft dazugeben.

Ich liebe dieses Dessert, andere finden es möglicherweise etwas zu bitter. Man kann es aber auch mit Pfirsich- oder Aprikosenkompott servieren, das ihm eine süßere Note verleiht.

FÜR 8–10 PERSONEN

1100

1000

900

800

700

600

6

Für diese Eiscreme können Sie die Schokolade nach Belieben aus-wählen. Mit Vollmilchschokolade wird das Eis cremiger als mit dunk-ler Schokolade. Bei Bitterschokolade ist die Auswahl inzwischen sehr groß, von 70 % bis zu 85 % Kakaoanteil wird sie angeboten. Auch beim Bier kann man verschiedene Herangehensweisen für die Zubereitung wählen. Ich weiß, dass manche Leute ihr Bier zunächst um bis zu zwei Drittel einkochen. Nach meiner Erfahrung wird Stout durch Reduzieren aber recht sauer und schmeckt unangenehm, sodass man zum Aus-gleich eine Menge Zucker und Aromazutaten dazugeben muss. Zudem geht der wunderbare Malzgeschmack der Eiscreme verloren. Wenn Sie Chili-Schokolade mögen, wird Ihnen diese Eiscreme auf Anhieb schme-cken. Die scharfen Jalapeños aber möglichst nur mit Einmalhandschu-hen anfassen.

Schokoladen-Chili-Eiscreme mit Stout

125 ml Milch
165 g Zucker
1 Bio-Ei, verquirlt
500 g Sahne
1 Jalapeño-Chilischote, mit Samen halbiert (oder
  nur ½, wenn Ihnen das zu gefährlich ist)

125 ml Stout (z. B. Guinness oder
  Köstritzer Schwarzbier)
100 g Vollmilchschokolade, gerieben

Alle Zutaten mit Ausnahme der Schokolade in einen Topf geben und unter Rühren behutsam erhitzen, bis sich der Zucker aufgelöst hat und das Ei gut untergemischt ist. Wenn die Mischung recht warm ist – aber noch nicht köchelt oder kocht –, die Schokolade dazugeben und rühren, bis sie geschmolzen ist. Aber auch dann wer-den noch kleine Partikel in der Mischung schwimmen. Von der Kochstelle nehmen und 5–8 Minuten weiterrühren, damit die Chilischote ihre Schärfe abgibt. Ist der gewünschte Schärfegrad erreicht, die Chilischote herausnehmen und wegwerfen.

Die Mischung in eine Schüssel füllen und im Kühlschrank oder Gefriergerät sehr kalt werden lassen. In die Eismaschine füllen und nach Gebrauchsanweisung gefrie-ren. In einen Gefrierbehälter füllen und in das Gefriergerät stellen.

Wenn Sie keine Eismaschine haben, die Masse in eine flache Form gießen und in das Gefriergerät stellen. Sobald sie zu gefrieren beginnt, kräftig durchrühren, um die Eiskristalle aufzubrechen. Zwei- bis dreimal wiederholen, bis das Eis glatt, aber fest ist. Bis zur Verwendung fest verschlossen in das Gefriergerät stellen.

ERGIBT ETWA 1 LITER

Lambic ist ein Bier aus dem Pajottenland südwestlich von Brüssel und einzigartig, weil ihm keine Hefe zugesetzt wird, sondern der Brauer eine Spontangärung abwartet. Diese ist nur von Oktober bis Mai unter geeigneten Wetterbedingungen möglich. Dann reift das Bier ein bis drei Jahre. Anschließend wird es mit jungem Lambic vermischt, in Flaschen gefüllt und unter dem Namen Geuze verkauft. Der Geschmack von Geuze kann gleichzeitig als sehr herb, apfelweinartig, süß, sauer und trocken beschrieben werden. Lambic wird aber auch zur Herstellung von Fruchtbieren verwendet, wobei ihm Früchte oder Fruchtsirup hinzugefügt werden und es dann eine zweite Gärung durchläuft. Für Kriek, das berühmte belgische Kirschbier, werden dem Lambic beim Gärungsprozess Schattenmorellen zugegeben, die dem Bier eine süß-saure Kirschnote verleihen. Es gibt auch die Geschmacksrichtungen Himbeere (Framboise) und schwarze Johannisbeere (Cassis).

Kirschbier-Sorbet

165 g Zucker

500 ml Kirschbier (Lambic Kriek)

Den Zucker mit 125 ml Wasser in einen Topf geben und bei mittlerer Hitze ununterbrochen rühren, bis er sich aufgelöst hat, aber nicht zum Kochen bringen. Die Temperatur erhöhen. Den Sirup zum Kochen bringen und 1 Minute kochen lassen. Von der Kochstelle nehmen und das Kirschbier hineinrühren. Die Mischung in eine Glasschüssel oder einen Behälter mit Deckel gießen und über Nacht in das Gefriergerät stellen.

Am folgenden Tag die Oberfläche des Sorbets mit einer Gabel aufbrechen. Das Sorbet wird aufgrund des hohen Zucker- und Alkoholgehalts noch nicht durchgefroren sein. Die Mischung in eine Küchenmaschine geben und das Gerät etwa 5 Minuten laufen lassen, bis die Masse eine seidige Konsistenz hat.

Die Mischung in die eingeschaltete Eismaschine füllen und 20–30 Minuten gefrieren lassen. Das Sorbet in einen Behälter mit Deckel füllen und bis zum Servieren wieder in das Gefriergerät stellen.

Wenn Sie keine Eismaschine haben, die Mischung in einen flachen Behälter füllen und in das Gefriergerät stellen. Sobald die Masse zu gefrieren beginnt, kräftig durchrühren, um die Eiskristalle aufzubrechen. Diesen Arbeitsgang drei- oder viermal wiederholen, bis das Sorbet ohne sichtbare große Eiskristalle gefroren ist. Einen fest schließenden Deckel aufsetzen und das Sorbet bis zur Verwendung in das Gefriergerät stellen.

FÜR 6–8 PERSONEN

Für diesen saftigen Dattelkuchen verwende ich gern ein Bockbier mit hohem Alkoholanteil. Die schwere Süße und der deutliche Malzgeschmack geben dem Kuchen ein unvergleichliches Aroma und der Sahnesauce eine schöne braune Farbe.

Bockbier-Dattelkuchen

250 g entsteinte getrocknete Datteln
1 TL Natron
250 ml Bockbier (z.B. Einbecker Urbock)
100 g weiche Butter
185 g brauner Zucker
1 Päckchen Vanillezucker
2 Bio-Eier
260 g Mehl mit 10 g Backpulver vermischt

SAHNESAUCE
500 g Sahne
185 g brauner Zucker
60 g Butter
80 ml Bockbier (z.B. Einbecker Urbock oder
  Ayinger Celebrator)

Den Backofen auf 180 °C vorheizen. Eine Springform von 22 cm Durchmesser einfetten und mit Backpapier auslegen.

Die Datteln im Mixer oder von Hand sehr klein hacken, in eine Schüssel geben und mit dem Natron bestreuen. Das Bier mit 125 ml Wasser in einem Topf zum Kochen bringen, über die Datteln gießen und sorgfältig untermischen. Die Datteln 20–30 Minuten quellen lassen.

Butter, Zucker und Vanillezucker in einer Schüssel mit dem elektrischen Handrührgerät schlagen, bis die Masse dick und schaumig ist. Ein Ei hinzufügen und gut untermischen, dann das zweite Ei dazugeben und die Masse gut aufschlagen. Mit einem Spatel erst die Datteln, dann die Mehlmischung unterziehen.

Den Teig in die Springform füllen und glatt streichen. Etwa 1 Stunde backen, aber bereits nach 50 Minuten eine Garprobe vornehmen. Das Dessert ist fertig, wenn an einem in die Mitte gestochenen Holzspieß beim Herausziehen kein Teig mehr haftet. Sollte der Kuchen zu rasch bräunen, mit Alufolie abdecken.

Kurz vor Ende der Backzeit die Sahnesauce zubereiten. Dafür Sahne, Zucker und Butter in einem Topf zum Kochen bringen. Nach Reduzieren der Hitze etwa 8 Minuten köcheln lassen. Das Bier unterrühren und 2–3 Minuten köcheln lassen.

Den Kuchen aus der Form lösen, in Stücke schneiden und auf Tellern mit der Sauce servieren. Wer mag, kann noch etwas Vanilleeis – oder besser meine Weizenbier-Eiscreme (siehe Seite 180) dazugeben!

FÜR 6–8 PERSONEN

BIERTIPP
Für Kuchen und Sauce können Sie ein Bockbier wie Ayinger Celebrator, Schneider Weisse Aventinus oder ein belgisches Trappistenbier verwenden.

Backen

Wir sollten uns alle bei einem wirklich außergewöhnlichen Einzeller namens *Saccharomyces cerevisiae* bedanken, ohne den es weder Brot noch Bier in seiner heutigen Form gäbe. Seit 5000 Jahren ist dieses clevere Kerlchen – auch Hefe genannt – dafür zuständig, gärfähigen Zucker in Brotteig und Bierwürze in Kohlendioxid zu verwandeln, was die Herstellung von leichtem lockerem Brot und kohlensäurehaltigem Bier ermöglicht. Zudem ist Hefe für die Bildung des Alkohols im Bier zuständig, der wiederum wunderbar komplexe Aromen entstehen lässt. Um die Verwendung dieser Aromen geht es in diesem Buch. Am besten können wir unserem kleinen Freund daher huldigen, indem wir die beiden Zutaten, die er am liebsten mag – Bier und Mehl – mit einer Reihe leckerer Dinge wie Äpfeln, Rosinen, Bananen, Schokolade, Kräutern, Käse, Salami und sogar Kürbis kombinieren und sie zusammen backen, bis sie goldbraun und aromatisch sind. Einige dieser Backwaren sind süß, andere herzhaft-pikant, aber alle schmecken köstlich!

199

Apfel-Zimt-Muffins mit Trappistenbier

1 großer oder 2 kleine Granny-Smith-Äpfel
1 großer oder 2 kleine Pink-Lady-Äpfel
150 g Weizenvollkornmehl
150 g Mehl
12 g Backpulver
140 g brauner Zucker

1½ TL gemahlener Zimt
¼ TL frisch geriebene Muskatnuss
125 g Butter, zerlassen
2 Bio-Eier, verquirlt
125 g Naturjoghurt
185 ml Trappistenbier

Den Backofen auf 180 °C vorheizen. 18 Papierbackförmchen in zwei Muffinbleche mit jeweils 12 Mulden setzen.

Die Äpfel schälen und nach Entfernen des Kerngehäuses in 6–7 mm dicke Scheiben schneiden. Die Scheiben nach Belieben in kleinere oder größere Würfel schneiden. Benötigt werden 125 g gewürfelter Granny Smith und 125 g gewürfelter Pink Lady.

Alle trockenen Zutaten in eine große Rührschüssel geben und sorgfältig vermischen. In einer zweiten Schüssel Butter, Eier, Joghurt und Bier gut verrühren, dann die Apfelwürfel untermischen.

Die flüssige Mischung zu den trockenen Zutaten geben und mit einem Spatel unterziehen, bis beide Mischungen gerade vermengt sind. Übermäßiges Rühren kann die Muffins zäh werden lassen.

Den Teig gleichmäßig auf die Papierbackförmchen verteilen und 20–25 Minuten backen, bis an einem Holzspieß, den man in die Mitte sticht, kein Teig mehr anhaftet. Die Muffins auf ein Kuchengitter setzen und auskühlen lassen. In einem luftdicht verschlossenen Behälter halten sie sich 2–3 Tage.

ERGIBT ETWA 18 STÜCK

BIERTIPP
Trappistenbiere werden in Belgien und den Niederlanden gebraut. Manchmal gibt es verschiedene Sorten in einem Paket zu kaufen.

Schoko-Brownies mit Guinness

125 g Butter, gewürfelt, plus mehr für die Form
150 g gute Vollmilchschokolade, gehackt
100 g gute Zartbitterschokolade
    (75 % Kakaoanteil), gehackt
3 Bio-Eier
100 g brauner Zucker

60 ml Guinness
125 g Mehl
2 EL Kakaopulver
70 g Macadamianusskerne, gehackt
90 g weiße Schokolade, gehackt

Den Backofen auf 180 °C vorheizen. Eine 4 cm tiefe und 20 cm große quadratische Backform einfetten und mit Backpapier auslegen.

Butter, Vollmilch- und Zartbitterschokolade in eine hitzebeständige Glasschüssel geben. Die Schüssel auf einen Topf mit köchelndem Wasser setzen, das Wasser darf den Boden der Schüssel aber nicht berühren. Behutsam rühren, bis alle Zutaten geschmolzen sind. Die Schüssel von der Kochstelle nehmen und zum Abkühlen beiseitestellen.

Eier und Zucker in einer Schüssel mit dem elektrischen Handrührgerät 10–15 Minuten schlagen, bis die Masse locker und schaumig ist. Das Bier hinzufügen und untermischen. Die geschmolzene Schokolade dazugeben und sorgfältig unterrühren. Mehl und Kakaopulver in die Schüssel sieben und gut unterheben. Macadamianüsse und weiße Schokolade unterziehen.

Den Teig in die vorbereitete Form gießen und glatt streichen. Etwa 15 Minuten backen. Herausnehmen und auf einem Kuchengitter abkühlen lassen, dann stürzen. Zum Servieren die Brownies in Quadrate schneiden.
Ergibt je nach Grösse der Stücke 8–16 Stück

BIERTIPP
Für die Brownies verwende ich eigentlich immer Guinness Stout. Man kann sie auch mit dem berühmten Schlenkerla Rauchbier aus Bamberg backen, wenn man einen dezenten Rauchgeschmack mag.

Weizenbier ist ein herrlich erfrischendes und einzigartiges Getränk. Es ist ein hefebetontes Bier, denn die Hefe verleiht ihm während der Gärung viel Aroma, vor allem das von Bananen und Gewürznelken. Diese Aromen harmonieren gut mit dem leicht herben und säuerlichen Charakter des Weizens und machen es zu einem Bier, das sich gleichermaßen zum Trinken wie zum Kochen oder Backen eignet.

Hefeweizen-Bananen-Brot

300 g Weizenvollkornmehl
75 g Weizen- oder Dinkelmehl (Type 1050)
15 g Backpulver
140 g brauner Zucker
125 g Butter, zerlassen, plus mehr für die Form
2 Bio-Eier, verquirlt
80 g Schmand

185 ml Hefeweizen (z. B. Schneider Weißbier)
180 g reife Bananen, zerdrückt
   (etwa 2 Stück)

BELAG
60 g Mandelstifte
45 g brauner Zucker

Den Backofen auf 180 °C vorheizen. Eine Mini-Kastenform von 20 cm Länge einfetten. Den Boden und die langen Seiten mit Backpapier abdecken. Das Papier über den Rand hängen lassen.

   Vollkornmehl, Weizen- oder Dinkelmehl (Type 1050), Backpulver und Zucker in eine Schüssel geben und mit dem elektrischen Handrührgerät auf niedriger Stufe kurz vermischen. Butter, Eier, Schmand, Bier und zerdrückte Bananen dazugeben. Die Zutaten bei mittlerer Geschwindigkeit 3–5 Minuten rühren.

   Den Teig in die Form gießen. Die Form mehrmals auf der Arbeitsfläche aufklopfen, damit sich der Teig setzt. Die Zutaten für den Belag mischen und dick auf den Teig streuen. Möglicherweise sind nur etwa drei Viertel der Mischung erforderlich. Den Rest sollten Sie essen, denn er schmeckt einfach köstlich!

   Die Form in den Backofen schieben. Die Hitze auf 170 °C reduzieren und das Brot 40 Minuten backen.

   Die Form im Backofen drehen, damit das Brot gleichmäßig gart. Die Temperatur auf 160 °C herunterschalten. Das Brot weitere 45 Minuten backen, bis an einem in die Mitte geschobenen Holzspieß beim Herausziehen kein Teig mehr anhaftet. Das Brot 10 Minuten in der Form abkühlen lassen, dann auf ein Kuchengitter stürzen.

   Das Brot schmeckt sowohl warm als auch ausgekühlt. In einem luftdicht verschlossenen Behälter aufbewahrt, hält es sich etwa drei Tage frisch.

ERGIBT 1 LAIB

BIERTIPP
Für dieses saftige Brot können Sie Hefeweizensorten von Brauereien wie Erdinger, Schöfferhofer, Krombacher oder Franziskaner verwenden.

In der letzten Rhabarbersaison habe ich diesen Kuchen ausprobiert. Nachdem ich verschiedene Biersorten getestet habe, entdeckte ich ein grandioses Bockbier und habe den Kuchen damit gebacken. Er wurde einfach perfekt, denn der säuerliche Rhabarber und die saure Sahne harmonieren herrlich mit der Malzsüße und dem leicht bitteren Hopfengeschmack des alkoholreichen Bieres.

Gestürzter Rhabarberkuchen

600 g Rhabarber, geschält und in 4 cm lange
    Stücke geschnitten
150 g Zucker
abgeriebene Schale von 1 Bio-Zitrone
125 ml Bockbier (z. B. Einbecker Urbock oder
    Ayinger Celebrator), plus zusätzlich
    2 EL Bockbier
125 g weiche Butter, plus mehr für die Form

185 g brauner Zucker
2 Bio-Eier
175 g Schmand
150 g Mehl
150 g Weizenvollkornmehl
6 g Backpulver
½ TL gemahlener Zimt

Den Backofen auf 180 °C vorheizen. Eine Springform von 24 cm Durchmesser einfetten. Boden und Wände mit Backpapier bedecken.

Rhabarber, Zucker, Zitronenschale und die 2 EL Bier in einen Topf geben. Bei mittlerer Temperatur rühren, bis sich der Zucker aufgelöst hat und der Rhabarber mit ihm überzogen ist. Die Hitze so weit reduzieren, dass der Topfinhalt noch köchelt. Den Rhabarber etwa 10 Minuten garen, bis er weich ist. Von der Kochstelle nehmen.

Butter und braunen Zucker in einer Schüssel mit dem elektrischen Handrührgerät schaumig schlagen. 1 Ei dazugeben und untermischen, dann das zweite Ei unterrühren. Den Schmand und schließlich die 125 ml Bier untermischen.

Mehl in eine Schüssel sieben. Vollkornmehl, Backpulver und Zimt hinzufügen. Die Zutaten gut vermischen, dann sorgfältig die flüssigen Zutaten unterheben.

Den Rhabarber mit einem Schaumlöffel aus dem Topf heben und in die Mitte der Kuchenform geben. Auf dem Boden verteilen, rundum aber einen 2 cm breiten Rand lassen. Den Teig behutsam in die Form geben, dabei zuerst den Rand auffüllen. Den Teig mit einem Spatel vorsichtig glatt streichen.

Den Kuchen 45 Minuten backen, bis an einem in die Mitte geschobenen Holzspieß beim Herausziehen kein Teig mehr anhaftet. Herausnehmen und 30 Minuten abkühlen lassen, dann auf einen Teller stürzen. Der Kuchen kann warm oder kalt, pur oder mit Schlagsahne, Vanilleeis oder Joghurt serviert werden.

ERGIBT 12 STÜCKE

Diese Haferkekse haben in Australien eine lange Tradition. Ich habe das Rezept etwas variiert und verwende Ahornsirup und ein gutes, hopfiges Bier. Brauner Zucker und Kokosraspel verleihen zusätzliches Aroma, sodass die Kekse schon beim Backen im Ofen einen unwiderstehlichen Duft verströmen.

Haferkekse mit Ahornsirup

125 g Butter, plus mehr für die Bleche
2 EL Ahornsirup
3 EL Bier (z. B. Beck's)
1 TL Natron
150 g Mehl

1 TL Backpulver
100 g Haferflocken
65 g Kokosraspel
140 g brauner Zucker

Den Backofen auf 180 °C vorheizen. Zwei oder drei große Backbleche einfetten.

Die Butter in einem Topf bei mittlerer Hitze zerlassen. Ahornsirup und Bier hinzufügen und gut unterrühren. Das Natron sorgfältig untermischen. Den Topf von der Kochstelle nehmen.

In einer großen Schüssel Mehl, Backpulver, Haferflocken, Kokosraspel und Zucker sorgfältig vermischen. Die Buttermischung dazugeben und rühren, bis ein zäher Teig entstanden ist.

Einen Esslöffel von der Mischung abstechen und zwischen den Handflächen zu einer Kugel rollen. Die Kugel auf ein Backblech legen und etwas flach drücken. Mit dem restlichen Teig ebenso verfahren. Etwa 5 Kugeln auf jedes Backblech setzen. Zwischen ihnen reichlich Platz lassen, da sie beim Backen auseinandergehen.

Die Kekse 10–15 Minuten backen, bis sie goldbraun sind. Wenn Ihr Backofen nicht gleichmäßig bäckt, die Bleche beim Backen alle 5 Minuten drehen, damit die Kekse gleichmäßig garen. Wenn nicht genügend Bleche vorhanden sind, die Kekse portionsweise backen.

Die Kekse aus dem Backofen nehmen. 5 Minuten auf den Blechen abkühlen lassen, ehe sie heruntergenommen werden, da sie zunächst noch sehr weich sind. In einem luftdicht verschlossenen Behälter halten sich die Kekse vier Wochen.

ERGIBT ETWA 20 STÜCK

BIERTIPP
Geeignete Biere für diese knusprigen Kekse sind auch Hannen Alt oder Schumacher Alt.

Sollten Sie noch nie das Lambic Fruits de la Forêt von Timmermans probiert haben, sollten Sie das schleunigst nachholen. Sie werden von seinem Geschmack hingerissen sein. Es ist sehr süß, sehr fruchtig und eine wahre Wonne. Ich weiß, dass es nicht ganz einfach zu bekommen ist, aber die Suche lohnt sich, da es diesen Scones einen feinen fruchtigen Charakter verleiht. Und kaufen Sie gleich ein paar Flaschen mehr – für die Scones und zum Trinken.

Fruchtbier-Scones

375 g Mehl, plus mehr zum Arbeiten
15 g Backpulver
1 EL Zucker

185 ml Fruchtbier
(z. B. Timmermans Fruits de la Forêt)
60 g Sahne

Den Backofen auf 220 °C vorheizen. Ein Backblech mit Backpapier belegen.

Mehl und Backpulver mischen. 300 g Mehlmischung in eine große Schüssel sieben. Zucker, Bier und Sahne hinzufügen und mit einem Messer oder Spatel »unterhacken«, bis die Zutaten gut vermischt sind. Dieser Teig ist noch sehr nass. Immer eine Handvoll weiteres Mehl dazugeben, bis der Teig zusammenhält und sich aus der Schüssel auf die bemehlte Arbeitsfläche kippen lässt. Vielleicht ist er immer noch etwas klebrig, aber das macht nichts. Den Teig vorsichtig kneten, bis er sich glatt und seidig anfühlt. Nicht zu stark kneten, sonst sind die Scones später zäh.

Den Teig behutsam mit den Händen möglichst gleichmäßig auf etwa 2 cm Dicke flach drücken. Mit einem in Mehl getauchten runden Keksausstecher oder einem kleinen Glas so viele Scones wie möglich ausstechen. Die Scones so auf ein Backblech legen, dass sie sich gerade berühren – dadurch gehen sie gleichmäßiger auf. Die Teigreste zusammenrollen, wieder etwa 2 cm dick auseinanderdrücken und weitere Kreise ausstechen. So fortfahren, bis der Teig aufgebraucht ist.

Die Scones 12–15 Minuten backen, bis sie aufgegangen und goldbraun sind. Gegebenenfalls das Blech nach 7 Minuten drehen, damit sie gleichmäßig garen. Die Scones sind fertig, wenn sie beim behutsamen Klopfen mit dem Finger hohl klingen.

Warm mit Konfitüre und geschlagener Sahne servieren.

ERGIBT ETWA 12 STÜCK

BIERTIPP
Sollten Sie kein Fruits de la Forêt bekommen, nehmen Sie Kriek, Framboise oder Cassis.

Ein malzbetontes dunkles Bier harmoniert in diesem Rezept ausgezeichnet mit dem Rosmarin und Ricotta in den kleinen Küchlein. Ich habe diese Muffins schon mit dunklem Bier und mit Altbier gebacken, aber auch mit dem süffigen Augustiner Edelstoff aus München bekommen sie ein feines Aroma. Die Muffins schmecken super zu einem Glas des verwendeten Biers und sind bei Partybüfetts der Renner.

Ricotta-Muffins mit Rosmarin

300 g Mehl
12 g Backpulver
3 TL gehackter frischer Rosmarin
1 Prise Meersalz
80 g Butter, zerlassen, plus mehr für die Form

140 g brauner Zucker
2 Bio-Eier
250 g Ricotta
250 ml Bier (z. B. Schlösser Alt, Löwenbräu Dunkel oder auch Augustiner Edelstoff)

Den Backofen auf 180 °C vorheizen. Ein Muffinblech mit 12 Mulden einfetten oder Papierbackförmchen hineinsetzen.

In einer Schüssel Mehl, Backpulver, Rosmarin und Meersalz mischen. Die restlichen Zutaten in eine zweite Schüssel geben, sorgfältig verrühren und in die Schüssel mit dem Mehl geben. Das Ganze verrühren, aber nicht zu lange.

Den Teig gleichmäßig auf die Mulden verteilen und die Muffins 15–20 Minuten backen, bis an einem in die Mitte geschobenen Holzspieß beim Herausziehen kein Teig mehr anhaftet. Aus dem Backofen nehmen und 10 Minuten abkühlen lassen, dann auf ein Kuchengitter stürzen.

Die Muffins können warm oder ganz abgekühlt, mit oder ohne Butter gegessen werden. In einem luftdicht verschlossenen Behälter halten sie drei Tage.

ERGIBT 12 STÜCK

Kürbisbrot

500 g Butternusskürbis
Meersalz
125 ml Lagerbier (z. B. Dithmarscher Lager,
    Alpirsbacher Kleiner Mönch)

450 g Mehl
18 g Backpulver
1 TL gemahlener Salbei

Den Backofen auf 190 °C vorheizen. Ein Backblech mit Backpapier belegen.

Den Kürbis schälen. Die Samen entfernen und das Fleisch in Stücke schneiden. Die Stücke in einen Topf geben und mit Wasser bedecken. 1 große Prise Meersalz hinzufügen. Das Wasser zum Kochen bringen und den Kürbis garen, bis er weich ist. Gut abtropfen lassen und durch ein Sieb in eine große Schüssel streichen. Das Bier sorgfältig untermischen, sodass ein dünnes Püree entsteht.

In einer großen Schüssel Mehl, Backpulver, Salbei und 1 Prise Meersalz vermischen. Nach und nach das Kürbispüree unterrühren, bis ein schöner Teig entstanden ist – möglicherweise ist nicht das gesamte Püree erforderlich.

Den Teig auf die bemehlte Arbeitsfläche setzen und 5–10 Minuten kräftig kneten, bis er glatt und elastisch ist. Zu einem runden Laib formen, auf das Backblech legen und mit etwas Wasser benetzen.

Das Brot 30–40 Minuten backen, bis an einem in die Mitte geschobenen Holzspieß beim Herausziehen kein Teig mehr anhaftet. Wenn man mit dem Finger auf die Unterseite klopft und es hohl klingt, ist das Brot fertig.

Das Brot aufgeschnitten noch warm oder abgekühlt mit Butter servieren.

ERGIBT 1 LAIB

Italienisches Bierbrot

1 große Prise Zucker

350 ml Bier (z. B. Peroni Nastro Azzurro), erwärmt

3 TL Trockenhefe

650 g Weizen- oder Dinkelmehl (Type 1050),
    plus mehr für die Arbeitsfläche

1 TL Meersalz

1 EL Olivenöl, plus mehr zum Einfetten

60 g entsteinte Kalamata-Oliven, grob gehackt

50 g getrocknete Tomaten, gehackt

40 g Pecorino, in 1 cm große Würfel geschnitten

2 TL frischer Rosmarin, gehackt

60 g Salami am Stück, in 1 cm große Würfel
    geschnitten

BIERTIPP

Ich habe hier Peroni Nastro Azzurro verwendet. Für dieses Rezept sind zwei Flaschen erforderlich, um das richtige Verhältnis von Mehl und Bier zu erreichen, von der zweiten Flasche brauchen Sie aber nur eine kleine Menge – den Rest können Sie trinken!

Den Zucker mit dem lauwarmen Bier in einen Krug geben, dann die Hefe hinzufügen. Umrühren und 10–15 Minuten an einem warmen Ort stehen lassen, während die Hefe geht. An der Oberfläche sollte sich schöner Schaum bilden.

Mehl und Salz in einer großen Schüssel verrühren. Nach und nach die Hefe hineinkneten – entweder mit den Händen oder in einer Küchenmaschine mit den Knethaken –, bis eine Teigkugel entstanden ist. 1 EL Olivenöl in den Teig kneten. Falls weitere Flüssigkeit erforderlich ist, noch etwas warmes Wasser oder Bier in den Krug geben. Den Krug schwenken, um Hefereste zu lösen, und die Flüssigkeit zum Teig geben. Den Teig auf die bemehlte Arbeitsfläche setzen und 10 Minuten kräftig kneten, bis er glatt und elastisch ist.

Eine große Schüssel innen mit Olivenöl einpinseln, dann mit Mehl ausstreuen – so bleibt der Teig beim Gehen nicht an der Schüssel hängen. Den Teig hineinlegen. Ein großes Stück Frischhaltefolie innen mit Öl bestreichen und mit Mehl bestäuben, dann auf die Schüssel legen. Den Teig an einen warmen Platz stellen und bis zu 3 Stunden gehen lassen, bis er sein Volumen verdoppelt hat.

Den Teig auf die bemehlte Arbeitsfläche setzen und mit der Faust die Luft herauspressen. Flach auseinanderdrücken und die restlichen Zutaten daraufstreuen. Den Teig kräftig kneten, um Oliven, Tomaten, Käse, Rosmarin und Salami gleichmäßig zu verteilen. Den Teig zu einem länglichen oder runden Laib formen (oder in eine eingeölte Backform setzen) und auf ein dünn eingeöltes Backblech legen. Noch einmal gehen lassen, bis er sein Volumen verdoppelt hat – dies sollte beim zweiten Mal etwa die Hälfte der Zeit erfordern, also 1–2 Stunden.

Den Backofen auf 180 °C vorheizen. Das Brot 35–45 Minuten backen. Das Brot ist fertig, wenn man mit dem Finger auf den Boden klopft und es hohl klingt.

Ergibt 1 Laib

Trappistenbiere sind körperreiche, komplexe, fruchtige Biere mit einem hohen Alkoholgehalt, die von Trappistenmönchen gebraut werden. Weltweit gibt es nur sieben Trappistenbrauereien: sechs in Belgien und eine in den Niederlanden. Die Marke Westmalle wird seit 1836 produziert, Westvleteren seit 1838, Chimay seit 1863, La Trappe seit 1884, Rochefort seit 1899, Orval seit 1931 und Achel seit 1998 – obwohl die Geschichte von Achel auf 1648 zurückgeht.

Früchtekuchen mit Trappistenbier

125 g Butter, gehackt, plus mehr für die Form
185 g brauner Zucker
375 g gemischte Trockenfrüchte
100 g getrocknete Cranberrys
50 g getrocknete Feigen, klein gehackt
¼ TL gemahlener Zimt
¼ TL Muskatnuss, gerieben
¼ TL gemahlener Kardamom
¼ TL Piment

1 TL Natron
60 ml Sherry
250 ml belgisches Trappistenbier,
    z. B. Rochefort 10 (11,3 Vol.-%)
2 Bio-Eier, verquirlt
100 g Macadamianusskerne, gehackt
300 g Mehl
6 g Backpulver

Den Backofen auf 160 °C vorheizen. Eine Springform von 22 cm Durchmesser (oder eine eckige Form) einfetten. Boden und Wände mit Backpapier belegen, dabei das Papier 2,5 cm über den Rand der Form hinausstehen lassen.

Butter, Zucker, Trockenfrüchte, Cranberrys, Feigen, Gewürze, Natron, Sherry und Bier in einem Topf bei mittlerer Temperatur sorgfältig verrühren und zum Kochen bringen. Von der Kochstelle nehmen und weiterrühren, um sicherzustellen, dass Butter und Zucker geschmolzen sind. Die Mischung in eine große Schüssel gießen und zum Abkühlen in den Kühlschrank stellen, bis sie lauwarm ist. Eier und gehackte Nüsse untermischen.

Mehl und Backpulver in einer Schüssel verrühren. Das Mehl sorgfältig unter die Fruchtmischung ziehen. Den Teig in die Form geben und 1½ Stunden backen, bis an einem in die Mitte geschobenen Holzspieß beim Herausziehen kein Teig mehr anhaftet. Den Kuchen aus dem Backofen nehmen. Den Springformrand lösen und den Kuchen auf ein Kuchengitter setzen.

Den Früchtekuchen einige Stunden auskühlen lassen, weil er sonst beim Aufschneiden krümelt. Fest in Alufolie eingewickelt, hält er bis zu einer Woche. Aber so alt wird er nicht werden, denn er schmeckt einfach köstlich.

ERGIBT 16 STÜCKE

Register

A

Altbier
- Bandnudeln mit Ochsenschwanz und Kaninchen in Altbiersauce 106
- Hähnchen-Lauch-Pie 74
- Schweinefleisch-Enten-Rillettes 35
- Würziges Rote-Bete-Chutney 153
- Würzig-scharfe Grillsauce 149

Amerikanische Spareribs 142

Apfel-Zimt-Muffins mit Trappistenbier 201

Arme Ritter mit Heidelbeeren 173

Austern, geräucherte, mit Thai-Chilisauce 42

B

Baked Beans mit Bier und Speck 129

Bananen 184, 205

Bandnudeln mit Ochsenschwanz und Kaninchen in Altbiersauce 106

Bieramisu 177

Bierbrot, italienisches 214

Biernanen, karamellisierte 184

Bierteig
- Garnelen in knusprigem Weißbierteig 53
- Jalapeño-Chilischoten in Bierteig 60
- Loup de Mer in Pilsteig 50

Birnen, pochierte 185

Bockbier
- Bockbier-Dattelkuchen 197
- Gestürzter Rhabarber-Kuchen 206
- Marinierte Entenbrust 150
- Ossobuco mit Bockbier 105
- Scharfe Zickleinschulter mit Bockbier 116

Bœuf bourguignon 77

Bohnen
- Baked Beans mit Bier und Speck 129
- Dunkelbier-Cassoulet mit Bratwurst 99
- Eier mit dreierlei Bohnen 69
- Panierte Sardinen mit Nudeln und Bohnen 86

Bratwurst
- Dunkelbier-Cassoulet mit Bratwurst 99
- Hot Dogs 154
- In Bier gegarte Bratwürste mit Erbsen und Möhren 121
- Paella mit Chorizo, Meeresfrüchten und Pils 139

Brezeln 45

Brownies, Schoko-, mit Guinness 202

Bunter Salat mit Röstkartoffeln 169

C

Chicken Wings 30

Chicorée mit Schinken und Käse-Bier-Sauce 54

Chili
- Chili con Carne 85
- Chilimayonnaise 39
- Geräucherte Austern mit Thai-Chilisauce 42
- Hausgemachte Salsa 38
- Jalapeño-Chilischoten in Bierteig 60
- Mariniertes Hähnchen mit Koriander 159
- Scharfe Zickleinschulter mit Bockbier 116
- Schokoladen-Chili-Eiscreme mit Stout 194
- Spareribs in Chili-Pils-Marinade 141

Chorizo
- Hot Dogs 154
- Langsam geschmorter Oktopus 122
- Paella mit Chorizo, Meeresfrüchten und Pils 139
- Spanischer Linseneintopf mit Chorizo und Bier 94

Clafoutis mit Schattenmorellen 174

Coopers Original Pale Ale 157

Coopers Sparkling Ale 159

Crème caramel 186

Crêpes mit Orangensirup 189

Curry
- Curry mit Schweinefleisch und Kürbis 125

Fischcurry 93
Lamm-Dunkelbier-Curry 110

D
Dattelkuchen, Bockbier- 197
Dunkles Bier
    Arme Ritter mit Heidel-
      beeren 173
    Dunkelbier-Cassoulet mit Brat-
      wurst 99
    Eier mit dreierlei Bohnen 69
    Hackbraten im Speck-
      mantel 135
    In Bier gegarte Bratwürste mit
      Erbsen und Möhren 121
    Lamm-Dunkelbier-Curry 110
Duvel 125

E
Eier mit dreierlei Bohnen 69
Eiscreme
    Schokoladen-Chili-Eiscreme mit
      Stout 194
    Weizenbier-Eiscreme 180
Ente
    Marinierte Entenbrust
      150
    Schweinefleisch-Enten-
      Rillettes 35
Exportbier 154

F
Fenchel
    Langsam geschmorter
      Oktopus 122
    Marinierte Sardinenfilets 37
    Muscheln mit Fenchel und
      Lauch 95
    Romanasalat mit Fenchel 150
    Zwiebel-Ziegenkäse-Tarte mit
      Stout 64
Fisch

Fischcurry mit belgischem Bier
    93
Fisch mit Weizenbier in
    Alufolie 132
Fischpie 90
Knusprige Fischfilets 39
Loup de Mer in Pilsteig 50
Marinierte Sardellenfilets 37
Panierte Sardinen mit Nudeln
    und Bohnen 86
Weizenbier-Fischpie 90
Fruchtbier-Scones 209
Früchtekuchen mit Trappisten-
    bier 217

G
Geuzenbier 118
Grillsauce 149
Gruyère
    Belgische Käsekroketten 29
    Französische Zwiebelsuppe mit
      Porter 56
    Chicorée mit Schinken und
      Käse-Bier-Sauce 54

H
Hackbraten im Speckmantel 135
Haferkekse mit Ahornsirup 208
Hähnchen
    Hähnchen auf der Dose 162
    Hähnchen-Lauch-Pie 74
    Pikante Chicken Wings aus dem
      Ofen 30
    Mariniertes Hähnchen mit
      Koriander 159
    Saté-Spieße mit Asia-Salat
      157
Hefeteig 33, 45, 214
Hefeweizen-Bananen-Brot 205
Helles Bier
    Gebratene Jakobsmuscheln mit
      Biersauce hollandaise 63

Pochierte Birnen mit Bier-
    Zabaione 185
Himbeerbier 185
Hoegaarden Grand Cru 189
Hot Dogs 154

J
Jalapeño-Chilischoten in Bier-
    teig 60
Jakobsmuscheln, gebratene, mit
    Biersauce hollandaise 63

K
Kalbfleisch
    Hackbraten im Speck-
      mantel 135
    Kalbfleisch-Schmortopf mit
      Geuzenbier 118
    Ossobuco mit Bockbier 105
Kalmar
    Fischcurry 93
    Weizenbier-Risotto mit Meeres-
      früchten 79
Kaninchen
    Bandnudeln mit Ochsen-
      schwanz und Kaninchen in
      Altbiersauce 106
    Kaninchen mit Back-
      pflaumen 128
Kartoffeln
    Bunter Salat mit Röst-
      kartoffeln 169
    Curry mit Schweinefleisch
      125
    Fischpie 90
    Hähnchen-Lauch-Pie 74
    Kartoffelspalten aus dem
      Ofen 43
    Lamm-Dunkelbier-Curry 110
    Lammhachsen in Guinness 131
    Ossobuco mit Bockbier 105
Käsekroketten, belgische 29

Kasseler
    Eier mit dreierlei Bohnen 69
    Kasseler in Kokos-Bier-Sauce
    113
Kellerbier 54, 60
Kirschbier-Sorbet 195
Knusprige Fischfilets 39
Kürbis
    Curry mit Schweinefleisch und
    Kürbis 125
    Kürbisbrot 213
    Ossobuco mit Bockbier 105

L
Lambic 185, 195
Lamm
    Lamm-Dunkelbier-Curry 110
    Lammhachsen in Guinness 131
    Lamm-Tajine mit Porter 73
Leffe Blond 93
Leffe Radieuse 129, 186
Linseneintopf, spanischer, mit
    Chorizo und Bier 94
Loup de Mer in Pilsteig 50

M
Marinierte Sardinenfilets 37
Mariniertes Hähnchen mit
    Koriander 159
Meeresfrüchte
    Fischcurry 93
    Fischpie 90
    Garnelen in knusprigem
      Weißbierteig 53
    Langsam geschmorter
      Oktopus 122
    Paella mit Chorizo, Meeres-
      früchten und Pils 139
    Weizenbier-Risotto mit Meeres-
      früchten 79
Möhren-Kreuzkümmel-Dip 22
Muffins 201, 212

Muscheln
    Austern, geräucherte,
      mit Thai-Chilisauce 42
    Gebratene Jakobsmuscheln
      mit Biersauce Hollandaise
      63
    Muscheln mit Fenchel und
      Lauch 95
    Nudeln mit Muscheln in
      Weizenbiersud 83
    Paella mit Chorizo, Meeres-
      früchten und Pils 139
    Weizenbier-Risotto mit
      Meeresfrüchten 79

N
Nudeln
    Bandnudeln mit Ochsen-
      schwanz und Kaninchen in
      Altbiersauce 106
    Nudeln mit Muscheln in
      Weizenbiersud 83
    Panierte Sardinen mit Nudeln
      und Bohnen 86

O
Oktopus, langsam geschmorter
    122
Ossobuco mit Bockbier
    105

P
Paella mit Chorizo, Meeres-früch-
    ten und Pils 139
Panierte Sardinen mit Nudeln und
    Bohnen 86
Panna cotta, gehopfte 190
Pies
    Fischpie 90
    Hähnchen-Lauch-Pie 74
Pils
    Extra-scharfer Biersenf 156

Loup de Mer in Pilsteig 50
Paella mit Chorizo, Meeres-
    früchten und Pils 139
Spareribs in Chili-Pils-
    Marinade 141
Pizza, Rosmarin-Knoblauch- 33
Porter 56, 73

R
Rhabarberkuchen, gestürzter 206
Rindfleisch
    Bandnudeln mit Ochsen-
      schwanz und Kaninchen in
      Altbiersauce 106
    Bœuf bourguignon 77
    Chili con Carne 85
    Hackbraten im Speck-
      mantel 135
    Selbst gemachtes Trocken-
      fleisch 25
    Wagyu-Steak-Sandwich 165
Risotto
    Steinpilz-Risotto mit Stout 84
    Tomaten-Rucola-Risotto mit
      Weißbier 100
    Weizenbier-Risotto mit Meeres-
      früchten 79
Rosmarin-Knoblauch-Pizza 33
Rote-Bete-Chutney, würziges 153

S
Salat
    Asia-Salat 157
    Bunter Salat mit Röst-
      kartoffeln 169
    Krautsalat 146
    Romanasalat mit Fenchel 150
    Salat aus gegrilltem
      Gemüse 163
Salsa, hausgemachte 38
Sardinen
    Marinierte Sardinenfilets 37

Panierte Sardinen mit Nudeln
und Bohnen 86
Saté-Spieße mit Asia-Salat
157
Sauerkraut
Hot Dogs 154
Sauerkrautsuppe mit Speck
und Weizenbier 57
Schoko-Brownies mit Guinness
202
Schokoladen-Chili-Eiscreme mit
Stout 194
Schweinefleisch
Amerikanische Spareribs 142
Chili con Carne 85
Hackbraten im Speck-
mantel 135
Schweinefleisch-Enten-
Rillettes 35
Spareribs in Chili-Pils-
Marinade 141
Scones, Fruchtbier- 209
Senf, extra-scharfer Bier- 166
Spareribs, amerikanische
142
Spareribs in Chili-Pils-
Marinade 141
Starkbier 174
Steinpilz-Risotto mit Stout 84
Stout
Bieramisu 177
Kaninchen mit Back-
pflaumen 128
Lammhachsen in Guinness
131
Schoko-Brownies mit
Guinness 202
Schokoladen-Chili-Eiscreme mit
Stout 194
Steinpilz-Risotto mit Stout 84
Zwiebel-Ziegenkäse-Tarte mit
Stout 64

Suppen
Französische Zwiebelsuppe mit
Porter 56
Sauerkrautsuppe mit Speck
und Weizenbier 57

T
Trappistenbier
Apfel-Zimt-Muffins mit Trappis-
tenbier 201
Bœuf bourguignon 77
Früchtekuchen mit Trappisten-
bier 217
Trockenfleisch, selbst gemachtes
25

W
Wachteln
Paella mit Chorizo, Meeres-
früchten und Pils 139
Wachteln in würzig-scharfer
Grillsauce mit Krautsalat 146
Wagyu-Steak-Sandwich 165
Weizenbier
Chili con Carne 85
Fisch mit Weizenbier in
Alufolie 132
Garnelen in knusprigem Weiß-
bierteig 53
Hefeweizen-Bananen-Brot 205
Karamellisierte Biernanen 184
Langsam geschmorter
Oktopus 122
Muscheln mit Fenchel und
Lauch 95
Nudeln mit Muscheln in
Weizenbiersud 83
Panierte Sardinen mit Nudeln
und Bohnen 86
Sauerkrautsuppe mit Speck
und Weizenbier 57
Tomaten-Rucola-Risotto mit

Weißbier 100
Weizenbier-Eiscreme 180
Weizenbier-Fischpie 90
Weizenbier-Risotto mit Meeres-
früchten 79
Weizenbier-Vinaigrette 151

Z
Zickleinschulter, scharfe,
mit Bockbier 116
Zwiebeln
Französische Zwiebelsuppe mit
Porter 56
Zwiebel-Ziegenkäse-Tarte mit
Stout 64

Bezugsquellen

www.bierpost.com
www.goumeo.de
www.biershop-bayern.de
www.biershop-hamburg.de
www.bierzwerg.de
www.bierothek.at
www.auslaendischebiere.ch

Dank

Bei der Zusammenstellung dieses Buches haben mir viele Menschen geholfen, ohne deren Unterstützung ich verloren gewesen wäre. Ich bin sehr stolz auf dieses Buch und auch auf all die Menschen, die behilflich waren, es für Sie aufzubereiten. Deshalb bedanke ich mich bei allen Mitarbeitern von Murdoch Books. Mein Dank geht an Kylie Walker und Janine Flew, die mich durch den Produktionsprozess begleiteten, positive und negative Kommentare abgaben und letztlich die Idee hatten, dass Bier eine wirklich fabelhafte Zutat ist. An Hugh Ford für die wundervolle Gestaltung des Buches. Dank an die Rezepttester Grace Campbell, Joanne Glynn und Nick Eade sowie Kirsty Sands und Caroline Jones für die Zubereitung der Gerichte beim Fotoshooting und Cherise Pagano, der Foodstylistin – schließlich bedanke ich mich auch bei Julie Renouf für die großartigen Fotos. Dank auch an Dave, Cam und das Team der Mountain Goat Brewery für die Erlaubnis, dort Aufnahmen machen zu dürfen.

Ich möchte auch meinen beiden jüngsten Töchtern danken: Emily für ihre ständige Ermutigung und ihr positives Denken und Erin, weil sie all die Kuchen, Muffins und Scones, die ich backte, mit ihren Freunden teilte – die sie übrigens toll fanden. Ich danke meiner schwer geprüften Frau Andrea, die jedes Gericht in diesem Buch aß und fast alle mochte. Die Frage »Was gibt es zum Abendessen?« war für sie stets abschreckend, denn unweigerlich lautete die Antwort Bier. Danke, dass du meinen Spleen, mit Bier zu kochen, toleriert und die Gerichte gegessen hast. Danke, dass du fast jedes Mal, wenn ich darum bat, deinen Finger in die Sauce getaucht und ehrlich gesagt hast, was du von den etwa 100 Gerichten hieltest, die ich während des Schreibens dieses Buches zubereitet habe. Danke, dass du darauf bestanden hast, zu jeder Mahlzeit Wein zu trinken, und damit bewiesen hast, dass auch Wein wunderbar zu den leckeren Rezepten in diesem Buch passt.

Meinen größten Dank schulde ich meiner ältesten Tochter Elise. Sie war mein Fels, meine Assistentin und meine Lehrerin, vor allem beim Backen. Sie kochte mit mir, stritt mit mir, war wütend auf mich, unterstützte mich, inspirierte mich und wusch fast nie ab. Danke meine wunderbare Tochter, dass du beim Erstellen der Rezepte für dieses Buch meine loyale Assistentin, Begleiterin und Unterstützerin warst. Ich weiß, dass du es insgeheim für dein Buch hältst – und ehrlich gesagt: Es ist *unser* Buch.

Schließlich Dank an die Bierbrauer der Welt, ohne deren Inspiration, Genialität und harte Arbeit ich nicht hätte kochen können.

DORLING KINDERSLEY
London, New York, Melbourne, München und Delhi

Für Murdoch Books
Programmleitung Kylie Walker
Gestaltung Hugh Ford
Fotografie Julie Renouf
Foodstyling Cherise Pagano
Projektbetreuung Janine Flew
Lektorat Katri Hilden
Herstellung Renée Melbourne

Für die deutsche Ausgabe:
Programmleitung Monika Schlitzer
Projektbetreuung Florian Bucher
Herstellungsleitung Dorothee Whittaker
Herstellung Kim Weghorn

Bibliografische Information der Deutschen Bibliothek
Die Deutsche Bibliothek verzeichnet diese Publikation in der
Deutschen Nationalbibliografie; detaillierte bibliografische
Daten sind im Internet über http://dnb.ddb.de abrufbar.

Titel der englischen Originalausgabe:
Cooking with Beer
© Murdoch Books Pty Limited 2011
Text © Paul Mercurio 2011
Fotografie © Julie Renouf 2011

© der deutschsprachigen Ausgabe by
Dorling Kindersley Verlag GmbH, München, 2012
Alle deutschsprachigen Rechte vorbehalten

Übersetzung Angelika Feilhauer
Lektorat Petra Puster
Fachliche Beratung Werner Obalski

ISBN 978-3-8310-2116-1

Printed and bound in China

Besuchen Sie uns im Internet
www.dorlingkindersley.de

Hinweis: Schwangere und gesundheitlich geschwächte Personen
sollten Gerichte meiden, die mit rohen oder nur kurz gekochten
Eiern zubereitet wurden.

Temperatur- und Zeitangaben: Falls Sie einen Umluftherd benutzen,
stellen Sie die Temperatur etwa 20 °C unter der Angabe im Rezept ein.
Bei den Garzeiten in den Rezepten handelt es sich um Richtwerte.